# PLASTIKFREI LEBEN

WIE DU DURCH ZERO WASTE DIE UMWELT

NACHHALTIG VON ABFALL BEFREIST UND

DEIN LEBEN ÖKOLOGISCHER GESTALTEST

INKL. 30 TAGE PLASTIKFREI CHALLENGE

W0190906

**Bibliografische Information der Deutschen Nationalbibliothek**

Die Deutsche Nationalbibliothek verzeichnet diese Publikation in der Deutschen Nationalbibliografie; detaillierte bibliografische Daten sind im Internet über http://dnb.dnb.de abrufbar.

Independently Published

# Vorwort

Plastik bestimmt unser Leben. Es gibt heutzutage keinen Lebensbereich mehr, in dem nicht ein Gegenstand aus Kunststoff verwendet wird. Das ist nicht verwunderlich, denn schließlich hat die Erfindung dieses Werkstoffes unser Leben wesentlich vereinfacht. Doch waren in den letzten Jahrzehnten sowohl die Industrie als auch die Verbraucher noch hellauf begeistert von Plastik, wächst in den letzten Jahren immer mehr das Bewusstsein dafür, dass unsere Welt im Plastikmüll erstickt. Denn Kunststoffe sind in der Natur nicht abbaubar. Ihre Zersetzung dauert mehrere hundert Jahre. Dadurch fügen sie unserem Ökosystem einen erheblichen Schaden zu. Was genau Plastik ist, in welchen Lebensbereichen wir es wiederfinden und welche Probleme es verursacht, das alles erfährst du in diesem Buch. Und auch wenn es kaum vorstellbar ist: Ein Leben ohne Plastik ist möglich! Wie auch du es schaffen kannst, dich aus den Fängen des Plastiks zu befreien und damit nicht nur unserer Umwelt, sondern auch der eigenen Gesundheit einen großen Dienst erweist, erlernst du mit der in diesem Buch vorgestellten „30-Tage-Challenge für ein plastikfreies Leben". Die Umsetzung ist einfacher als du denkst, denn schließlich gab es auch menschliches Leben vor der Erfindung des Plastiks. Damit bist du keineswegs nur ein unverbesserlicher Öko-Vorreiter, sondern bereitest dich auch selbst auf die eigene Zukunft vor. Denn über kurz oder lang müssen Alternativen zum Plastik gefunden werden. Nicht nur, um das Problem des Plastikmülls in den Griff zu bekommen. Der Grundstoff jeden Kunststoffes ist Erdöl. Dieses ist nicht unendlich auf unserem Planeten vorhanden. Das heißt im Klartext auch: Die Tage der Plastikproduktion sind schon jetzt gezählt. Dennoch gilt es, nicht erst auf den Tag zu warten, an dem kein Erdöl mehr verfügbar ist. Denn die Nachwirkungen des daraus entstehenden Mülls werden wir auf der Erde noch über Jahrhunderte spüren.

# Werde zum Plastikhelden

Plastikhelden haben ihr Leben so gut es geht von Plastik befreit. Ihre regelmäßigen Einkäufe sind komplett plastikfrei und sie leben die plastikfreie Lebensweise auf eine authentische, nachhaltige und zukunftsträchtige Weise. Plastikhelden ist bewusst, dass viele kleine Veränderungen mehr Einfluss haben als die fanatische Ausübung des Lebensstils. Ein Plastikheld ist in der Gesellschaft anerkannt, steht zu seinem Lebensstil und geht als gutes Vorbild voran, um andere Menschen zu inspirieren. Er hat auf dem Schirm, dass wir mit unserem ganzen Planeten an einem Strang ziehen müssen und Nationen mit mangelndem Plastikverständnis unterstützen müssen.

Werde auch du zum Plastikhelden!

Denke global – handle lokal!

# Kapitel 1

## Der Einfluss von Plastik

Plastik ist aus unserem heutigen Leben nicht mehr wegzudenken. In nahezu allen Lebensbereichen finden wir Plastik in unserer täglichen Verwendung. Das oft auch, ohne es eigentlich zu merken. Denn mit dem Plastik in unserem täglichen Gebrauch verhält es sich ähnlich wie mit dem Zucker in unserer Ernährung. Oft wissen wir gar nicht, dass wir ihn konsumieren. Während sich vor einigen Jahren wohl nur unverbesserliche Umweltaktivisten mit dem Thema Plastik beschäftigt haben, ist dieser Werkstoff seit einiger Zeit mehr und mehr in den Fokus des öffentlichen Interesses gerückt. Besonders, weil die übermäßige Benutzung von Plastik schwerwiegende Folgen hat. Das gilt sowohl für unseren Planeten, der mit all dem Plastikmüll immer weniger zurechtkommt als auch für uns Menschen selbst. Doch was steckt eigentlich hinter dem Begriff „Plastik"? Wo kommt es her und warum ist es heutzutage in so vielen Lebensbereichen vertreten? Und ist es wirklich unverzichtbar oder gibt es clevere Alternativen, um dem Problem des Plastiks Herr zu werden? In diesem Kapitel erfährst du, was es mit dem Plastik auf sich hat und wo es überall zu finden ist. Zudem wirst du erfahren, welche Auswirkung Plastik auf uns Menschen und auf unser Ökosystem, von dem wir abhängig sind, hat.

Wohl jeder Mensch hat jeden Tag mehrfach einen Gegenstand aus Plastik in der Hand. Dieses Buch wurde auf einer Tastatur geschrieben, die – wen wundert's – aus Plastik gefertigt wurde. Auch dein Laptop, eBook-Reader, Tablet, Handy oder auf welchem Gerät du dieses Buch auch immer liest, besteht aus einer ganzen Menge Plastik. Und obwohl wir Tag für Tag Plastik nutzen, wissen wohl nur die wenigsten, was hinter diesem Werkstoff eigentlich steckt. Vor 200 Jahren war an eBooks und Tablets noch gar nicht zu denken. Der Alltag bestand aus Holzzahnbürsten, Milchlieferungen in Metallkannen oder Glasflaschen und Lebensmittel gab es frisch im Dorfladen und maximal in Papier eingepackt. Im Jahr 1839 legte der Engländer Charles Goodyear die Grundlage für unsere heutige Plastikwelt. Durch die Zusammenmischung von Kautschuk und Schwefel gelang ihm die Herstellung des ersten Kunststoffs der Welt. Es dauerte daraufhin aber noch rund hundert Jahre, bis Plastik in Form verschiedenster Kunststoffe in der industriellen Serienproduktion regelmäßig eingesetzt wurde. Von da an war der Siegeszug des Plastiks nicht mehr aufzuhalten. Schon im Jahr 1950 wurden rund eine Million Tonnen Plastik weltweit hergestellt. Das war zwar noch nicht zu vergleichen mit den heutigen rund 370 Millionen Tonnen weltweiter Plastikproduktion, es zeigte aber, dass sich der flexible, leichte und dennoch stabile Werkstoff immer weiter durchsetzte. Als gegen Ende der 1960er-Jahre die Getränkeflasche aus Polyethylenterephthalat erfunden wurde, drang das Plastik endgültig in jeden Haushalt vor. Wir kennen es heute als gewöhnliche PET-Flasche. Doch woran liegt das? Neben all der Diskussion um Plastik darf man die Vorzüge des Materials nicht vergessen. Es ist nicht nur leicht und elastisch, sondern auch der einzige Werkstoff, der gleichzeitig bruchfest und temperaturbeständig ist. Außerdem lässt er sich in verschiedenen Härtegraden herstellen, wodurch seine Einsatzmöglichkeiten nahezu unbegrenzt sind. Außerdem ist die Herstellung des Kunststoffes relativ unkompliziert und billig.

Doch schon bei der Herstellung von Plastik fängt das Umweltproblem dieses Materials an. Um Plastik, egal in welcher Form, herzustellen, wird Rohöl benötigt, welches als fossiler Rohstoff nur begrenzt zur Verfügung steht. Es bleibt der Menschheit auf lange Sicht also gar keine andere Wahl, als sich nach Alternativen zum Plastik umzuschauen, selbst wenn man das Problem der Entsorgung außen vor lassen würde. Plastik ist dabei eigentlich ein Abfallprodukt der Kraftstoffherstellung. Um aus dem Rohöl die fertige Plastikverpackung für den Supermarkt herzustellen, wird es destilliert. Dadurch wird Rohbenzin gewonnen. Außerdem entstehen durch die Destillation Diesel, Heizöl und Gase. Aus dem gewonnenen Rohbenzin werden durch das Cracking-Verfahren verschiedene Kohlenwasserstoff-Verbindungen, wie Propylen, Butylen und Ethylen, herausgespalten. Durch die anschließende Synthese wird so der viel genutzte Kunststoff hergestellt, der sich in den verschiedensten Formen, Farben, Zusammensetzungen und

Härtegraden individuell für jedes mögliche Einsatzgebiet fertigen lässt. Dabei ist Plastik nicht gleich Plastik. Je nachdem, zu welchem Zweck der Kunststoff später benötigt wird, entscheidet sich hierbei schon, welches Herstellungsverfahren Anwendung findet. Die Entwicklung von Kunststoff war im Zuge des Fortschritts der Industrialisierung ein großer Schritt und macht heute unser Leben in vielen Bereichen einfacher. Plastik ermöglicht es der Industrie, Produkte sehr flexibel gestalten zu können. Das liegt insbesondere daran, dass schon der Grundwerkstoff, also das Plastik an sich, nach Belieben gestaltet werden kann. Durch die Zusammensetzung und die Wahl der Herstellungsmethode lässt sich dem späteren Zweck entsprechend sowohl der Härtegrad, die Zugfestigkeit, die Wärmebeständigkeit als auch die Bruch- und Dehnungsfestigkeit sowie die Resistenz gegen Feuchtigkeit nahezu beliebig bestimmen. Kein anderes Material bietet diese Flexibilität in der Anwendung. Zwar wird viel Forschung dahingehend betrieben, ein ähnlich flexibles natürliches Material zu finden, allerdings sind alle diese Versuche bei weitem noch nicht massentauglich.

Das Plastik selbst kann grundsätzlich in drei verschiedene Formen unterteilt werden. Die Thermoplaste kommen beispielsweise in Form von Plastikbechern zum Einsatz. Sie haben die Eigenschaft, dass sie durch die Nutzung von thermischer Energie (Erhitzen) beliebig oft in ihrer Form verändert werden können. Dies liegt an ihrer Beschaffenheit aus unvernetzten Polymeren. Das Gegenteil dazu bilden die Duroplaste. Sie bestehen aus engmaschig vernetzten Polymeren. Dadurch lassen sie sich nur einmal durch Erhitzung verformen und verbleiben dann starr in ihrer Form. Beispiele für die Verwendung von Duroplasten sind die Gehäuse von Steckdosen oder elektrischen Geräten, aber auch die Außenhaut des Trabants. Neben den Thermo- und den Duroplasten gibt es noch die Elastomere. Diese sind sehr flexibel und leicht mit der Hand biegbar. Sie werden beispielsweise zur Herstellung von Spülschwämmen verwendet. Durch die Beimischung verschiedenster Additive lassen sich aus diesen Plastikarten die verschiedensten Kunststoffe herstellen. Dazu werden beispielsweise Weichmacher, Farbstoffe oder Stabilisatoren verwendet, um für jedes Einsatzgebiet den passenden Kunststoff herzustellen. Die am häufigsten verwendeten Kunststoffe sind:

**Polypropylen, kurz: PP**
Dieser Kunststoff ist sehr hart und belastbar. Er wird beispielsweise zur Herstellung von Toilettendeckeln, aber auch für Gaspedale im Auto verwendet.

**Polyethylen, kurz: PE**
Aufgrund seiner Bruchfestigkeit wird Polyethylen u. a. für Getränkekisten, Küchenschüsseln, aber auch für Verpackungen und CDs genutzt.

**Polyvinylchlorid, kurz: PVC**
Vor allem bei Bodenbelägen, aber auch bei Abwasserrohren findet dieser Kunststoff Anwendung. Er zeichnet sich durch seine Härte und Säurebeständigkeit aus.

**Polystyrol, kurz: PS**
Durch seine feuchtigkeitsabweisenden Eigenschaften wird Polystyrol nicht nur als Verpackungsmaterial, sondern auch als Dämmstoff im Hausbau genutzt. Besser bekannt ist es als Styropor.

**Polyurethan, kurz: PUR**
Durch die Hinzugabe weiterer Zusatzstoffe lässt sich Polyurethan sehr variabel gestalten. Es ist besonders elastisch, weshalb es häufig in Textilien und Matratzen eingesetzt wird.

**Polyethylenterephthalat, kurz: PET**
Eine PET-Getränkeflasche hatte wohl jeder schon einmal in der Hand. Daneben wird es aufgrund seiner Steifigkeit und seiner Härte auch für medizinische Implantate und Computergehäuse genutzt.

Neben all den Vorteilen, durch die moderne Kunststoffe unser Leben erleichtern, gibt es auch einige Nachteile, die diese Materialien mit sich bringen. Neben dem unabdinglichen Erfordernis von Erdöl zur Herstellung dieser Kunststoffe kommt erschwerend hinzu, dass sie nicht biologisch abbaubar sind. Die Zersetzung dauert mehrere Jahrzehnte oder gar Jahrhunderte und selbst dann bleiben noch Partikel von Mikroplastik übrig. Zudem enthalten viele Kunststoffe gesundheitsgefährdende Stoffe, wie beispielsweise BPA, welches sich negativ auf den menschlichen Hormonhaushalt auswirken kann.

Nichtsdestotrotz hat Plastik in der heutigen Zeit eine enorme wirtschaftliche Bedeutung. Die jährlich rund 370 Millionen Tonnen an produziertem Plastik schaffen eine Menge Arbeitsplätze. Zudem ist es immer noch ein sehr günstiger Werkstoff, ohne den viele Produkte unseres täglichen Bedarfs deutlich teurer wären. Und so paradox es klingen mag: Plastik hilft sogar beim Umweltschutz. Durch die Verwendung von Kunststoffen werden Autos und Flugzeuge leichter, wodurch sie weniger Treibstoff benötigen. Auch moderne Windkraftwerke wären ohne Plastik nicht denkbar. Aufgrund seiner enormen wirtschaftlichen Bedeutung wehren sich einige Unternehmen besonders gegen eine freiwillige Reduktion des Plastiks in ihren Produkten. Daher bedarf es strengerer gesetzlicher Regelungen, welche die Unternehmen zu mehr ökologischem Denken zwingen. Ein Beispiel hierfür ist das am 01.01.2019 in Kraft getretene neue Verpackungsgesetz in Deutschland. Es hat das Ziel, den Verpackungsmüll zu reduzieren und vermehrt recyclefähige Materialien voranzutreiben. Die Bundesumweltministerin Svenja Schulze sagt zu dem Gesetz: „Unser Ziel sind weniger Plastikverpackungen und mehr Recycling. Dafür brauchen wir alle Beteiligten – Hersteller, Handel und Verbraucher. Mit dem neuen Gesetz werden wir in Deutschland künftig deutlich mehr recyceln als bisher. Aber wir wollen auch überflüssiges Plastik vermeiden: Besonders wichtig finde ich deshalb die neue Hinweispflicht zu Einweg- und Mehrweggetränkeverpackungen in Lebensmittelgeschäften. Das macht es den Verbraucherinnen und Verbrauchern leichter, bewusst zu Mehrwegverpackungen zu greifen." (Bundesamt für Umwelt, Naturschutz und nukleare Sicherheit Pressemitteilung Nr. 001/19, 2019). Das Umweltbewusstsein scheint also auch allmählich in der Bundesregierung angekommen zu sein. Warum solche gesetzlichen Regelungen wichtig sind, verdeutlicht die folgende Übersicht. Das größte Problem des Plastiks ist, dass es nicht biologisch abbaubar ist und daher niemals verrotten kann. Es zersetzt sich höchstens zu kleinsten Teilchen von Mikroplastik, doch auch diese stellen eine Gefahr für die Umwelt, unser Ökosystem und uns Menschen dar. Selbst diese Zersetzung dauert viele Jahre. Im Folgenden werden einzelne bekannte Plastikprodukte mit ihrer Zersetzungsdauer in der Natur aufgeführt:

- PET-Flasche:                  ca. 450 Jahre
- Zigarettenstummel:          ca. 4 bis 5 Jahre
- Getränkedose:                 ca. 200 Jahre
- Angelschnur:                   ca. 600 Jahre
- Plastiktüte:                     ca. 10 bis 20 Jahre
- Plastik-Getränkehalter:    ca. 400 Jahre

Das meiste unseres Mülls wird uns selbst also überleben. Zum Vergleich dazu: Das Kerngehäuse eines Apfels braucht ca. 6 bis 8 Wochen, bis es vollständig abgebaut ist. Zudem entsteht daraus auch noch neue Erde, die den Pflanzen und Tieren als Lebensraum dient. Plastik hingegen macht ganze Landstriche oder auch Gewässerregionen teilweise für Jahrhunderte unbewohnbar. Das ganze Ausmaß beträgt heute schon rund 32 Millionen Tonnen Plastikmüll. Doch nicht genug, dass so viel Müll auf den Deponien landet, rund 8 Millionen Tonnen des weltweit verbrauchten Plastiks landen direkt in unseren Weltmeeren. Dies hat nicht nur für die dort lebenden Fische und die Pflanzenwelt erhebliche Folgen. Mit der natürlichen Nahrungskette nehmen auch wir Menschen jeden Tag feinste Partikel von Mikroplastik in uns auf. Nicht nur wenn wir Fisch essen, sondern auch schon über das

Trinkwasser, welches ja als Kondenswasser ursprünglich aus den Ozeanen stammt. Da sich bei der Einführung des Plastiks niemand über dessen Entsorgung und das Recycling Gedanken gemacht hat, ist es spätestens jetzt angesichts solch alarmierender Zahlen an der Zeit, aktiv gegen den Müll aus Kunststoff vorzugehen. Dazu reicht es allerdings nicht, nur das Problem des Recyclings von Kunststoffen in den Griff zu bekommen. Jeder Einzelne sollte seinen Lebensstil und sein Konsumverhalten hinterfragen, damit wir als Gesellschaft lernen, erst gar nicht so viel Plastikmüll zu produzieren. Das Problem des Plastikmülls ist dabei keineswegs nur in den Schwellen- oder Entwicklungsländern anzutreffen. Auch hierzulande kann noch einiges im Umgang mit unserem Plastikabfall getan werden. Zwar werden in Deutschland ca. 90 % aller anfallenden Abfälle aus Kunststoffen eingesammelt, allerdings schaffen es nur rund 43 % davon auch tatsächlich, recycelt zu werden. Über die Hälfte unseres Plastikmülls landet somit in den Müllverbrennungsanlagen und schädigt durch die ausgestoßenen Abgase zusätzlich das Klima. Hier ist die Bundesregierung gefragt. Die Rahmenbedingungen sollten so aussehen, dass es für die Entsorgungsunternehmen lukrativer ist, Plastik zu recyceln, als es einfach nur zu verbrennen.

Doch nur die Entsorgung des Plastiks in Angriff zu nehmen würde das eigentliche Problem nicht lösen. Vielmehr geht es darum, dass das Problem an der Wurzel gepackt wird und gar nicht mehr so viel Plastik in Umlauf gerät. Der Schlüssel dazu könnte sogenanntes Bioplastik sein. Es ist eine Alternative, die nicht wie herkömmliches Plastik aus Erdöl hergestellt wird, sondern aus biologisch abbaubaren Materialien. Zwar sind diese Materialien noch nicht massenmarkttauglich, doch es gibt sie bereits und sie werden immer weiterentwickelt. Dazu gehören unter anderem:

**Polymilchsäure, kurz: PLA**
PLA besteht vornehmlich aus Maisstärke und Zuckerrohr. Unter Zuhilfenahme von Hefepilzen wird der Pflanzensaft vergärt und aus dem Zuckerrohr bildet sich Ethanol. Dieser industrielle Prozess benötigt allerdings sehr viel Energie in Form von Wärme.

Dennoch ist diese Variante eine vielsprechende Option für die Zukunft. Das Material ist sogar schon einsatzfähig. So hat der Konzern Danone bereits vor einigen Jahren einen Joghurtbecher aus PLA präsentiert, dessen Klimabilanz um rund 25 % besser ist als die von herkömmlichen Joghurtbechern.

**Chitin**
Dieses natürlich vorkommende Polymer entsteht beim Stoffwechsel-Abbau von Schalentieren. Man findet es auch bei Insekten und Spinnen. Aufgrund seiner Eigenschaften halten es einige Forscher für eine mögliche Alternative zum herkömmlichen Plastik. Allerdings ist es noch nicht in ausreichender Menge reproduzierbar.

**Mycelium**
Hierbei handelt es sich um einen Pilz, der unabhängig von Ort und Klima angebaut werden kann. Daher lässt er sich leicht reproduzieren. Er weist ähnliche Eigenschaften wie herkömmliches Plastik auf, allerdings stehen hier die Forscher mit ihren Erkenntnissen noch am Anfang.

**Natriumalginat**
Aus einer Kombination aus roten Algen und Salzwasser ist es einem isländischen Studenten gelungen, aus diesem biologisch abbaubaren Material eine Flasche zu entwickeln.

**Getreide**
Ein amerikanisches Unternehmen stellt bereits heute Getränkehalter aus Weizen und Gerste her, die als Alternative zu den herkömmlichen Plastik-Getränkehaltern dienen sollen.

**Stroh**
Gepresstes Stroh hat ebenso isolierende und feuchtigkeitsabweisende Eigenschaften wie Styropor. Das Unternehmen „Landbox" ist Vorreiter auf diesem Gebiet der ökologischen Häuserdämmung.
Da die echten Alternativen zur Verwendung von Plastik noch

nicht massentauglich sind, geht die Forschung auch in die Richtung einer besseren Entsorgung und Verwertung des Plastikmülls. Eine zufällige Entdeckung in der Natur verspricht dabei große Hoffnung für die Zukunft. Es wurde herausgefunden, dass die Raupen der Großen Wachsmotte, fachlich Galleria Mellonella genannt, liebend gern Plastik fressen. Dadurch ist es möglich, eine herkömmliche Plastiktüte innerhalb kürzester Zeit zersetzen zu lassen. Auch das Bakterium Ideonella Sakaiensis 201-F6 könnte in der Zukunft vermehrt in der Abfallwirtschaft eingesetzt werden. Diese Bakterienart liebt es, den Kunststoff PET zu fressen. Bei der Bekämpfung der Unmengen an Plastikmüll, den wir Menschen jedes Jahr produzieren, könnten uns zukünftig also Motten und winzig kleine Bakterien behilflich sein.

Die Erfindung von Kunststoff und Plastik in allen möglichen Variationen hatte einen maßgeblichen Einfluss auf die menschliche Entwicklung in den vergangenen Jahrzehnten. Natürlich hat die Nutzung von Kunststoff unser Leben deutlich vereinfacht und die Produktion verschiedenster Güter günstiger gemacht. Dennoch hatte bei der Einführung niemand auf dem Schirm, welche großen Probleme die Entsorgung dieses ganzen Plastiks für uns Menschen mit sich bringt. Erst seit den letzten Jahren steigen das öffentliche Interesse und das Bewusstsein für dieses Thema. Denn die insgesamt über 32 Millionen Tonnen Plastikmüll, die jedes Jahr von uns in der Umwelt hinterlassen werden, nehmen einen zunehmenden Einfluss auf unser Ökosystem und damit auch auf unsere Lebensqualität. Da es sich bei dem Grundstoff von Plastik, dem Erdöl, um eine begrenzt zur Verfügung stehende Ressource handelt, wird es immer wichtiger, uns nicht nur Gedanken um die Entsorgung unseres Plastikmülls zu machen. Es erfordert zwangsläufig eine intensive Suche nach echten Alternativen zur Verwendung von Plastik. Damit würde die Menschheit zwei Fliegen mit einer Klappe schlagen. Ein biologisch abbaubarer, alternativer Werkstoff löst nicht nur das Müllproblem, er schont auch gleichzeitig die immer knapper werdenden Ölreserven unseres Planeten.

# Der Einfluss von Plastik auf uns Menschen

Plastik ist heutzutage aus keinem Lebensbereich mehr wegzudenken. Egal ob im Supermarkt die in Plastik eingeschweißte Wurst und der Käse im Einkaufswagen landen oder den Kindern die Pausenbrote in Tupperdosen aus Plastik mitgegeben werden. Kunststoffe finden in allen Bereichen unseres Lebens Anwendung. Inzwischen sind viele Menschen so an Plastik gewöhnt, dass es für sie sehr schwer vorstellbar ist, dass dieses Material noch vor 150 Jahren kaum denkbar war.

Heutzutage begleitet uns Plastik unser gesamtes Leben lang. Das geht schon im Kindesalter los. In wohl fast allen deutschen Kinderzimmern finden sich Unmengen Plastikspielzeug. Für die Eltern im ersten Moment superpraktisch, da sie oft günstig und dazu noch leicht zu reinigen sind. Und auch die Kinder erfreuen sich an den fröhlich-bunten Farben und der Robustheit vieler Plastikspielzeuge. Doch hinter der fröhlich-bunten Fassade der Bausteine, Spielzeugautos und Puppen kann eine echte Gefahr für die Gesundheit deines Kindes lauern. Viele Spielsachen aus Plastik enthalten giftige Stoffe oder Weichmacher, die die Gesundheit und die Entwicklung deines Kindes beeinflussen können. Insbesondere bei Kleinkindern solltest du daher Plastikspielzeug nach Möglichkeit vermeiden, da sie noch alles in den Mund nehmen. Das machen Kinder, weil ihr eigener Tastsinn noch nicht endgültig entwickelt ist und sie somit ein besseres Gefühl für die Dinge bekommen. Auch in vielen Kindermöbeln sind in den Lacken giftige Kunststoffe enthalten, welche die Oberflächen der Möbel besonders langlebig machen sollen. Besonders gefährlich sind die im Plastik enthaltenen Weichmacher. Sie stehen im Verdacht, Krebs auszulösen, Veränderungen des Erbguts hervorzurufen und für spätere Unfruchtbarkeit sowie andere Fehlentwicklungen verantwortlich zu sein. Weichmacher sorgen dafür, dass das Spielzeug der Kinder, welches aus Kunststoff besteht, besonders biegsam und geschmeidig ist. Dadurch werden die Produkte weniger schnell spröde und zerbrechen nicht so leicht. Sie sind nicht nur in Kinderspielzeugen, sondern auch in allen anderen kunststoffbasierten Produkten enthalten. Die Palette reicht von A wie Autoreifen bis Z wie Zahnprothesen. Nicht nur Kinder sind von der Gefahr der Weichmacher betroffen. Auch Jugendliche und Erwachsene, die selbstverständlich nicht mehr jeden Gegenstand in den Mund nehmen, sind einer erhöhten Belastung durch Weichmacher ausgesetzt. Das liegt vor allem daran, dass ein großer Teil unseres Plastikmülls in unserem Ökosystem und den Weltmeeren landet.

Über die Nahrungskette nehmen wir mit fast jedem Bissen Nahrung einen kleinen Teil Weichmacher in uns auf. Gerade bei den Kleinsten solltet ihr als Eltern daher euch selbst in der Pflicht sehen, möglichst auf Plastik im Kinderzimmer eurer Liebsten zu verzichten. Klassische Holz-Spielzeuge und biologisch hergestellte Möbel bieten eine gute Alternative zu den billig produzierten Plastikvarianten. Auch Spielmöbel aus Pappe sind für Kinder superspannend, da sie oftmals sogar selbst gestaltet werden können. Bei Kleinkindern und Babys solltet ihr außerdem darauf achten, dass nur BPA-freie Schnuller verwendet werden. Das Bisphenol A, kurz BPA, ist in der Industrie eine der am häufigsten verwendeten Chemikalien. Es macht Kunststoffe härter und damit langlebiger. Man findet es nicht nur in Schnullern für Babys, sondern auch in vielen anderen alltäglichen Produkten, wie Plastikbechern, Autos, Helmen oder Farben. Trotz seiner guten Eigenschaften solltet ihr lieber auf die Verwendung von BPA-freien Produkten achten. Die giftige Chemikalie kann sich unter bestimmten Voraussetzungen aus den Produkten herauslösen und in den eigenen Organismus gelangen. Hier nimmt das BPA einen negativen Einfluss auf den menschlichen Hormonhaushalt, was unter anderem die Entwicklung und das Wachstum von Kindern stören kann und bei Erwachsenen zur Unfruchtbarkeit führen kann. Es steht außerdem im Verdacht, mitverantwortlich für die Entstehung von Diabetes und anderen Krankheiten zu sein. Gerade für Babys bieten sich auch Schnuller aus Naturkautschuk an. Trinkflaschen sollten nach Möglichkeit aus Edelstahl gefertigt sein. Auch Windeln enthalten eine riesige Menge an Kunststoffen. Schätzungen von Experten zufolge machen diese allein rund fünf bis zehn Prozent der gesamten deutschen Müllproduktion aus.

Neben dem BPA sind es vor allem die Weichmacher, die gesundheitsgefährdende Wirkungen haben können. Die am häufigsten genutzten Weichmacher sind die sogenannten Phthalate. Auch diese Stoffe, insbesondere das DEHP, können Auswirkungen auf den Hormonhaushalt haben. Bereits 2003 schrieb das Bundesinstitut für Risikobewertung über diesen in vielen Kunststoffen enthaltenen Stoff: „Dosisabhängig kann DEHP schädliche Wirkungen auf Hoden, Niere und Leber haben." Einige Forscher gehen sogar davon aus, dass bestimmte Gruppen von Phthalaten für die Entstehung und Verbreitung von modernen Zivilisationskrankheiten, wie Diabetes und Fettleibigkeit, mitverantwortlich sind. Auch die immer weiter sinkende Vielfalt der Wildtierarten wird mit der Produktion von Kunststoffen und deren Entsorgung in der Natur in Zusammenhang gebracht. Die Europäische Union hat schon einen ersten Schritt in die richtige Richtung gemacht. Einige Phthalate sind bereits verboten worden, da sie als besonders umweltschädlich bewertet wurden. Besonders das Phthalat DEHP steht dabei in der Kritik. Es ist eines der am häufigsten verwendeten Weichmacher und wurde bereits von der Europäischen Union als reproduktionstoxisch eingestuft. Das heißt, dass es negative Auswirkungen auf die Fortpflanzungsfähigkeit des Menschen hat. Außerdem schreibt das Bundesinstitut für Risikobewertung, dass es zu „schädlichen Auswirkungen auf die Entwicklung von Kindern im Mutterleib führen kann. DEHP ist insbesondere in Verpackungen von Lebensmitteln enthalten. Durch den einfachen Kontakt der Nahrungsmittel mit den Verpackungsmaterialien kann sich dieser Stoff auf die Nahrung übertragen und somit vom Menschen aufgenommen werden. In einer groß angelegten Studie des Bundesinstituts für Risikobewertung wurde belegt, dass in fast allen Nahrungsmitteln DEHP enthalten ist. Dabei ist es egal, ob man sich von Fleisch, Getreide, Obst oder Gemüse ernährt. Besonders belastet sind der Studie zufolge Fertiggerichte. Neben Lebensmitteln sind auch Kinderspielzeuge, Schuhe und Textilien sowie Kosmetika mit dem giftigen Weichmacher belastet.

# Der Einfluss von Plastik auf unser Ökosystem

Dass wir Menschen diese ganzen Mengen an giftigen Stoffen aus der Plastikproduktion mit unserer Nahrung zu uns nehmen, liegt insbesondere daran, dass ein großer Teil unseres Mülls ungehindert in die Natur gelangt. Eine achtlos weggeworfene Plastikflasche hier, eine auf den Boden gefallene Verpackungsfolie da. Das alles summiert sich jedes Jahr zu über zehn Millionen Tonnen Abfall, der jedes Jahr in den Meeren unseres Planeten landet. Davon handelt es sich bei 75 Prozent um nicht abbaubaren Kunststoffmüll. Wohl jeder kennt inzwischen die schockierenden Bilder von in Plastikmüll verfangenen Seevögeln und Fischen, die daraufhin qualvoll verenden. Die Plastikabfälle gehören neben dem Klimawandel zu einer der größten Bedrohungen für alle Lebewesen unseres Ökosystems. Das Umweltprogramm der Vereinten Nationen, kurz: UNEP, fand in einer Untersuchung heraus, dass heutzutage allein auf einem Quadratkilometer Meeresoberfläche bereits rund 18.000 verschiedene Plastikteile umhertreiben. Das ist nur der sichtbare Teil unseres produzierten Mülls. Der Großteil, rund 90 Prozent des ins Meer gelangten Plastiks, sinkt auf den Boden. Dort sehen wir es zwar nicht mehr, trotzdem sorgt es am Meeresboden für unwiederbringliche Schädigungen unseres Ökosystems. Schätzungen zufolge ist unser Konsum- und Wegwerfverhalten jedes Jahr für den Tod von rund 135.000 Meerestieren und rund einer Million Vögeln verantwortlich. Die Tiere können Plastik nicht von natürlicher Nahrung unterscheiden, weshalb sie die Plastikteile fressen. Da diese in den Mägen nicht verdaut und wieder ausgeschieden werden können, verenden sie qualvoll an Verstopfungen. Ein zugleich beeindruckendes wie auch beängstigendes Phänomen sind die Müllstrudel auf unseren Weltmeeren. Durch Verwirbelungen in der Meeresströmung sammeln sich an der Meeresoberfläche enorme Massen Plastikmüll und bilden dadurch riesige Müllinseln mitten auf unseren Ozeanen. Im nordpazifischen Ozean ist der größte dieser Müllteppiche zu finden. Er wird „Great Pacific Garbage Patch" genannt. Diese schwimmende Müllinsel ist inzwischen so groß wie ganz Mitteleuropa.

Neben den Gefahren für die internationale Seeschifffahrt, die von solchen umhertreibenden Müllbergen ausgehen, bilden sie ein großes gesundheitliches Risiko für die gesamte Weltbevölkerung. Im Zuge der Zersetzung der Kunststoffe durch das Salzwasser werden die giftigen Inhaltsstoffe, wie das bereits beschriebene Bisphenol A und die Phthalate, aber auch andere Giftstoffe, wie beispielsweise Flammschutzmittel, freigesetzt. Auch andere ins Meer gelangte Umweltgifte, wie z. B. das Insektenschutzmittel DDT können sich an den kleinen Mikroplastikteilchen anlagern und somit weiterverbreitet werden. Diese Teilchen werden von den Meeresbewohnern aufgenommen und verändern nicht nur deren Hormonhaushalt und das Erbgut, sondern gelangen durch die Nahrungskette auch in menschliche Mägen. Doch nicht nur beim Verzehr von Fisch oder Meeresfrüchten lauert die Gefahr der Aufnahme giftiger Stoffe. Durch den Regen, der durch die Verdunstung des Meereswassers entsteht, landen diese freigesetzten Stoffe auch in der Landtierhaltung und dem Obst- und Gemüse-Anbau. Auch das Grund- und Trinkwasser ist inzwischen mit diesen giftigen Zusatzstoffen belastet. Neben Plastiktüten und Plastikflaschen sind auch die immer wieder an Stränden gefunden Zigarettenkippen ein echtes Umweltproblem. Auch sie bestehen zu einem großen Teil aus Kunststoff. Um eine Vorstellung für das Ausmaß der Verschmutzung unserer Meere zu bekommen, schildert der folgende Vergleich eindrucksvoll, wie sehr die Menschheit die Meere unseres Planeten als Müllkippen benutzt. Forscher vermuten, dass allein am Meeresboden der

Nordsee ca. 600.000 Kubikmeter Müll liegen. Zum Vergleich: Um diese Menge zu in einem Gebäude zu lagern, bräuchte man 1,5-mal den Kölner Dom.

Dabei fängt die Verschmutzung der Weltmeere nicht erst an der Küste an. Jeder Einzelne sorgt in seinem Zuhause mit seinem Konsum- und Wegwerfverhalten für den Zustand unserer Erde. Selbst wenn eine Plastiktüte hunderte Kilometer weit entfernt von der Küste achtlos in die Natur entsorgt wird, landet sie über die Abwässer, Flüsse und den Wind früher oder später in den Weltmeeren. Auch die stetige Zunahme der internationalen Schifffahrt trägt ihren Teil zur Verschmutzung der Meere bei. Nicht selten werden Abfälle illegal auf hoher See entsorgt. Die Fischerei hat Schätzungen zufolge sogar einen nicht unerheblichen Anteil von rund zehn Prozent am weltweiten Müllaufkommen in den Meeren. Dazu zählen vor allem verlorengegangene Fischernetze, Bojen und sonstige Ausrüstungsgegenstände. Auch Offshore-Plattformen zur Öl- und Gasgewinnung, aber auch zu Forschungszwecken leisten ihren Beitrag zur Zunahme des Müllproblems. Einige Wissenschaftler gehen sogar davon aus, dass sich die jährliche Menge Müll, die in unseren Meeren landet, bis zum Jahr 2025 verzehnfachen könnte, sollte nicht ein grundlegendes Umdenken in unserem Verhalten einsetzen. Schon heute gibt es Meeresregionen auf der Welt, wo bis zu sechsmal so viel Plastikteile im Wasser gemessen wurden als es dort Plankton gibt. Das sind alarmierende Zahlen, die im Besonderen die Artenvielfalt auf unserem Planeten bedrohen.

Doch nicht nur die Umwelt wird durch das rücksichtslose Wegwerfverhalten der Menschheit in Mitleidenschaft gezogen. Die Industriegesellschaft schadet sich mit der Produktion und der nicht korrekten Entsorgung des Plastikmülls selbst. Durch die zunehmende Verschmutzung müssen jedes Jahr mehrere Millionen Euro in die Reinigung von Stränden, Küstenabschnitten und Häfen investiert werden. Die Schifffahrt und die Fischereibetriebe haben zusätzlich mit verunreinigten

Filteranlagen und Schäden an Schiffsschrauben und Fischernetzen zu kämpfen. Besonders dicht sind die Müllvorkommen demnach entlang intensiv genutzter Schifffahrtslinien, was einen Hinweis auf diese als einen der Hauptverursacher der Verschmutzung liefert. Allein an den Küsten des Nordatlantiks finden sich an den Stränden in einem Abschnitt von nur 100 Metern im Durchschnitt 712 Müllteile. An der deutschen Nordseeküste sind es immerhin noch durchschnittlich 389 Müllgegenstände. Das erschreckende dabei: Rund 89 Prozent davon bestehen aus nicht abbaubarem Kunststoff.

Auch an den Stränden der Ostsee fand der NABU bei Untersuchungen 80 bis 150 Müllteile auf 100 Metern Strandabschnitt, davon im Schnitt 60 bis 75 aus Plastik und Kunststoffen. Durch Untersuchungen von tot aufgefundenen Meeresvögeln konnte festgestellt werden, dass rund 95 Prozent der Tiere Plastikteile im Magen und Darm haben. Durchschnittlich fand man bei den Untersuchungen rund 30 einzelne Plastikteile im Verdauungstrakt der Tiere (Guse et al. 2012a). Zwar gibt es bereits rechtlich bindende Abkommen, die die Verunreinigung der Meere verhindern sollen, zum Beispiel das MAPROL-Abkommen. Dieses internationale „Abkommen zur Verhütung der Meeresverschmutzung durch Schiffe" wurde geschlossen, um insbesondere den Müll von Schifffahrt und Fischereibooten auf den Weltmeeren zu reduzieren. Insbesondere der „Anhang V" verbietet ausdrücklich die Entsorgung von Plastikabfällen in den Ozeanen. Die Überprüfung der Einhaltung dieses Abkommens ist jedoch nahezu unmöglich.

Neben der Verunreinigung der Weltmeere entsteht durch die Unmengen Plastikmüll noch ein ganz anderes Problem. Galt der Plastikmüll in unserer Natur bisher lediglich als klassisches Umweltproblem, zeigen neueste Untersuchungen, dass nicht korrekt entsorgtes Plastik auch den Klimawandel beeinflusst. Das Plastik zerfällt durch den Einfluss des Sonnenlichts und andere Umweltfaktoren in kleinere Teile und einige Bestandteile lösen sich dabei heraus. Durch diesen Zersetzungsprozess entsteht auch das klimaschädliche Treibhausgas Methan. Je länger diese

Zersetzung dauert – und bei Plastik kann es sich dabei um mehrere hundert Jahre handeln – umso mehr Methan wird freigesetzt.

Diese Erkenntnis bestätigt, dass Plastikmüll in unserer Umwelt noch schädlicher ist als bisher angenommen wurde. Nicht nur der Teil des Plastikmülls, der durch achtloses Wegwerfen in der Natur und den Weltmeeren landet, stellt somit eine große Gefahr für unser Ökosystem dar, selbst der korrekt entsorgte und auf Deponien gelagerte Müllberg aus Kunststoffen schädigt zusätzlich das Klima. Diese Erkenntnis gewannen Forscher der University of Hawaii im Zuge einer wissenschaftlichen Studie. Sie untersuchten dazu die Auswirkungen des Zerfalls von Plastik zu Mikropartikeln, wie er in unserer Umwelt viel zu oft geschieht. Dabei fanden sie heraus, dass diverse Kunststoffe unter dem Einfluss des Sonnenlichts klimaschädigende Gase absondern. In dem über 200 Tage dauernden Experiment wurden von den Forschern verschiedenste Kunststoffproben mit UV-Licht, wie es auch in der Sonnenstrahlung vorkommt, bestrahlt. Zudem wurde untersucht, wie sich die Kunststoffe unter Einfluss von Salzwasser verhalten. Insbesondere der Kunststoff Polyethylen fiel dadurch auf, dass er am meisten klimaschädliche Gase absonderte. Dieser ist der am meisten eingesetzte Kunststoff der Welt und damit auch derjenige, der am häufigsten in unserer Umwelt landet. Aber auch alle anderen untersuchten Kunststoffe zeigten eine Erhöhung der Absonderung von Klimagasen, je länger sie der UV-Strahlung ausgesetzt waren. Die Ursache dafür liegt darin, dass durch den Zerfall der Plastikteile die Oberfläche insgesamt größer wird. Daher bietet diese auch mehr Angriffsfläche für die UV-Strahlen, wodurch immer mehr Gase abgesondert werden. Interessanterweise fanden die Forscher auch heraus, dass diese Abgabe von Gasen in die Umwelt auch dann nicht aufhört, wenn die Teilchen nicht mehr dem UV-Licht ausgesetzt sind. Einmal angestoßen ist dieser Prozess also nicht mehr aufzuhalten. Welchen Anteil dieses Phänomen am Klimawandel hat, konnte noch nicht abschließend geklärt werden. Sicher ist aber, je mehr Plastik produziert wird und in der Umwelt landet, umso mehr wird dieser Anteil in der Zukunft noch weiter steigen. Aktuellen

Schätzungen zufolge wird sich die Produktion von Plastik innerhalb der nächsten 20 Jahre verdoppeln. Bis zum Jahr 2050 soll sie sich den Experten nach sogar verdreifacht haben. Das große Problem dabei ist, dass die meisten Kunststoffe zur Herstellung von Produkten mit einem sehr kurzen Lebenszyklus verwendet werden. Als bestes Beispiel hierfür dienen herkömmliche Einweg-Plastikbecher, die bereits nach einmaliger Benutzung im Müll landen und nicht wiederverwendet werden können. Zudem werden diese Wegwerf-Produkte meist nicht fachgerecht entsorgt und können so keinem Recycling-Kreislauf zugeführt werden. Die Folgen der seit der Erfindung des Plastiks über 8,3 Milliarden Tonnen produzierter Kunststoffe sehen wir heute in unserer Umwelt. Das beste Beispiel hierfür sind die bereits erwähnten riesigen Müllteppiche, die auf den Weltmeeren schwimmen und dort für eine große Belastung der Umwelt und der dort lebenden Tiere sorgen. Die dort entstehenden Mikroplastikteilchen gelangen nicht nur über die Nahrungskette wieder in uns Menschen, sondern konnten inzwischen sogar in abgefülltem Mineralwasser nachgewiesen werden.

## Mikroplastik im Alltag

Mit den Teilchen aus Mikroplastik kommen wir aber nicht nur „aus Versehen" durch die Rückführung über die Nahrungskette in Berührung. Teilweise werden diese Partikel ganz bewusst bei der Herstellung verschiedenster Produkte des täglichen Bedarfs eingesetzt. Beispielsweise enthalten viele Kosmetikprodukte Mikroplastik. Vom Lippenstift über verschiedenste Cremes bis hin zum Duschgel verwendet die Industrie bei der Herstellung ganz bewusst Mikroplastik zur Verbesserung der Produkteigenschaften. Das Problem dabei ist zum einen, dass wir so unweigerlich Hautkontakt mit teilweise schädlichen Substanzen haben. Zum anderen gelangen die Mikroplastikteilchen aber auch über die Abwässer wieder in die Natur. Selbst für modernste Kläranlagen ist es nahezu unmöglich, diese Nanopartikel herauszufiltern. So landen sie am Ende auch wieder in unserem Trinkwasser und damit auch im menschlichen Körper.

Zu Mikroplastik zählen alle Teilchen, die eine kleinere Größe als 5 Millimeter aufweisen. Dabei sind diese Teilchen aber oft auch so klein, dass sie mit bloßem Auge gar nicht mehr erkennbar sind. Das industriell hergestellte Mikroplastik wird unter anderem als winzig kleine Kügelchen in Peelings und Cremes verwendet, um ein angenehmes Hautgefühl zu schaffen. Aber auch in Make-up, Sonnencreme und Shampoos kommen Kunststoffe oft vor. Dabei fungieren sie vor allem als Bindemittel oder Füllstoff. Selbst in Reinigungsmitteln kommt Mikroplastik oder Kunststoff in flüssiger Form vor. Auch in Textilien aus synthetischen Stoffen sind Kunststoffe zu finden sowie auch in Autoreifen, wo sie durch den natürlichen Abrieb der Reifen in die Luft gelangen. Besonders aber in Kosmetika und Pflegeprodukten wäre die Verwendung von Plastik ohne Weiteres zu vermeiden. Es gibt bereits zahlreiche alternative Stoffe mit ähnlichen Eigenschaften, die zur Herstellung verwendet werden können. Einige Kosmetik-Hersteller setzen bereits auf die Vermeidung von Kunststoffen und Mikroplastik bei der Herstellung ihrer Pflegeprodukte. Im Sinne unserer Umwelt und der Gesundheit der gesamten Menschheit wäre es jedoch wünschenswert, wenn alle Kosmetik-Konzerne nach diesen Vorbildern handeln würden. Leider ist dies heutzutage noch nicht der Fall. Das liegt insbesondere daran, dass die Herstellung von Plastik und Kunststoffen sehr günstig ist. Aus diesem Grund bringen die von Unternehmensverbänden angebotenen Selbstverpflichtungen der Hersteller wohl nur wenig Erfolg. Es bedarf stärkerer Gesetze zum Verbot von Mikroplastik in Kosmetika und Pflegeprodukten. In welchen Pflegeprodukten Mikroplastik enthalten ist, kannst du im Einkaufsratgeber des BUND nachlesen. Diesen erreichst du unter folgendem Link:

**https://www.bund.net/fileadmin/user_upload_bund/publ ikationen/meere/meere_mikroplastik_einkaufsfuehrer.pdf**

Durch den Druck der Öffentlichkeit und vieler NGOs haben einige große Unternehmen jedoch bereits reagiert und damit begonnen, den Anteil der Produkte mit Mikroplastik zu verringern. Lobenswert zu erwähnen sind hierbei die Großkonzerne Unilever, Beiersdorf und Procter & Gamble. Aber auch die Drogeriemarktketten Rossmann und dm wollen bei ihren Eigenmarken auf den Einsatz von Mikroplastik verzichten. Der BUND nahm diese Versprechen im Jahr 2014 von verschiedenen Unternehmen auf und führte 2018 eine Überprüfung durch, welche Unternehmen ihre Versprechen bereits umgesetzt haben. Die Ergebnisse hierzu erfährst du im Folgenden:

### Zahnpasta

Bereits im Jahr 2014 reagierte die komplette Zahnpastabranche auf die Proteste gegen die Verwendung von Mikroplastik. Nicht eine Zahnpasta auf dem deutschen Markt war mehr mit den schädlichen Substanzen belastet. Umso erschreckender musste festgestellt werden, dass nur drei Jahre später mit dem „Beovita Parodont Zahnfleischpflege-Gel" ein Produkt eingeführt wurde, welches wieder Mikroplastik enthielt. Auch die Haftcremes von Kukident enthalten weiterhin Polyethylen.

### Beiersdorf AG

Die Beiersdorf AG, zu der unter anderem die bekannten Marken Nivea, Florena und Eucerin gehören, versprach 2014, auf den Einsatz von Polyethylen bei der Herstellung ihrer Produkte zu verzichten. Diesem Versprechen wurde auch Folge geleistet. Allerdings muss erwähnt werden, dass andere Kunststoffe und Mikroplastikpartikel weiterhin eingesetzt werden.

### The Body Shop

Die britische Handelskette „The Body Shop" versprach im Jahr 2013, gänzlich auf den Einsatz von Mikroplastik bei ihren Produkten zu verzichten. Im Jahr 2018 fand der BUND jedoch heraus, dass im Sortiment von „The Body Shop" immer noch 19 Produkte vorhanden sind, die Nanopartikel synthetischer Kunststoffe enthalten.

## Colgate Palmolive

Der Colgate-Palmolive-Konzern verzichtet bereits seit 2012 auf die Verwendung von Mikroplastikteilchen bei der Produktion seiner Kosmetika.

## DM

Die deutsche Drogeriemarktkette versprach zu Beginn des Jahres 2014, auf den Einsatz von Mikroplastikkügelchen zu verzichten. Diesem Versprechen sind sie auch nachgekommen. Allerdings muss erwähnt werden, dass weiterhin flüssige Kunststoffe bei der Herstellung der Eigenmarken verwendet werden.

## Dirk Rossmann GmbH

Auch die zweite große deutsche Drogeriekette verpflichtete sich 2014, in Peelingprodukten keine Kügelchen aus Polyethylen mehr zu verwenden. Bei der Überprüfung durch BUND im Jahr 2018 konnte die Einhaltung dieser Verpflichtung bestätigt werden. Allerdings werden in 18 anderen Produkten weiterhin synthetische Kunststoffe verwendet.

## Johnson & Johnson

Der amerikanische Konzern, zu dem unter anderem die Marke „Penaten" gehört, gab 2014 das Ziel aus, bis zum Jahr 2017 den Einsatz von Mikroplastik aus Polyethylen in seinen Produkten zu eliminieren. Dieses Ziel wurde tatsächlich eingehalten, allerdings verwendet Johnson & Johnson weiterhin andere Kunststoffe in seinen Produkten.

## L'Oréal

Der französische Konzern versprach, bis 2017 alle Mikroplastikteilchen aus seinen Produkten zu verbannen. Jedoch stellte der BUND im Jahr 2018 fest, dass noch in drei Produkten des Unternehmens Polyethylen nachgewiesen werden konnte. In weiteren Produkten wurden andere Kunststoffe festgestellt.

## Procter & Gamble

Auch der US-amerikanische Konzern P&G, der unter anderem die

Marken „Oil of Olaz", „Herbal Essences" und „Blend-a-Med" vermarktet, wollte ab 2017 auf den Einsatz von Teilchen aus Mikroplastik in seinen Produkten verzichten. Dies gelang dem Unternehmen auch. Lediglich in einem Produkt aus dem Sortiment konnte 2018 noch die Verwendung eines Flüssigkunststoffes nachgewiesen werden.

**Unilever**
In seinen Pflegeprodukten wollte Unilever bis 2015 alle Mikroplastikteilchen vermeiden. Der BUND stellte jedoch 2018 fest, dass in noch über dreißig Produkten synthetische Kunststoffe verwendet werden, unter anderem auch das besonders kritisierte Polyethylen.

**Yves Rocher**
Das Unternehmen, welches sich selbst als „Nr. 1 in der Pflanzen-Kosmetik" bezeichnet, verwendet weiterhin Polyethylen und andere Kunststoffe in seinen Produkten. Und das obwohl man 2014 versprach, diese Produkte bis 2016 vom Markt zu nehmen.

Man kann also sehen, dass Selbstverpflichtungen der Unternehmen nur in den seltensten Fällen zum gewünschten Erfolg führen. In einer Studie des Verbraucherportals Codecheck aus dem Jahr 2016 konnte nachgewiesen werden, dass jedes dritte Gesichtspeeling noch Polyethylen enthält. Bei der Verwendung dieser Produkte schmieren wir uns also jedes Mal Plastik ins Gesicht und auf die Haut. Die Umweltschutz-Organisation Greenpeace sagte dazu 2017: „Was die konventionelle Kosmetik uns als Mikroplastik-frei verkauft, ist eine Verbrauchertäuschung. Bekannte Kosmetik- und Körperpflegeprodukte, zum Beispiel aus der Nivea-Linie, haben nach wie vor ein Plastikproblem". Genau aus diesem Grund fordern Greenpeace und der BUND weiterhin ein gesetzliches Verbot des Einsatzes von Mikroplastik in Hautpflege- und Kosmetikprodukten in der gesamten Europäischen Union.

Neben Cremes, Duschgels und Peelings sind auch noch andere

Produkte dafür verantwortlich, dass immer mehr Mikroplastik in unserer Umwelt landet. Diese sind vor allem:

## Kleidungsstücke

Viele moderne Kleidungsstücke enthalten Synthetik-Fasern. Aus diesen werden bei jeder Wäsche winzig kleine Teilchen des Kunststoffes ausgewaschen und gelangen somit ins häusliche Abwasser. Sie können von den Kläranlagen nicht herausgefiltert werden, wodurch sie in Gewässern und auf unseren Feldern landen. Dazu gehören vor allem Fleece-Pullover, T-Shirts, Socken oder Leggings. Da diese Kunststoffe besonders günstig in der Produktion sind, gilt das vor allem für Discount-Mode. Aber auch Kleidungsstücke namhafter Markenhersteller sind davon betroffen. Auf dem Etikett kannst du das anhand der Materialzusammensetzung erkennen. Besonders häufig werden Nylon, Elasthan, Polyester oder Mikrofaser verwendet.

## Reifen

Durch die beim Fahren entstehende Reibung werden die einzelnen Bestandteile aus der Gummimischung des Reifens abgetragen und gelangen so in die Umwelt. Dabei handelt es sich unter anderem um Kunststoffe, die bei der Reifenherstellung beigemischt werden. Diese winzig kleinen Plastikteilchen belasten als Feinstaub nicht nur die Luft, die wir atmen, sondern gelangen durch den Regen auch in unsere Gewässer.

## Zigarettenstummel

Die Überreste gerauchter Zigaretten sind die häufigste Art von Müll, die an den Küsten und in den Meeren gefunden werden. Durch die in den Filtern verwendeten Kunststoffe gelangen diese im Zuge der Zersetzung dann in unsere Umwelt und die Gewässer. Diese Zersetzungsprozesse können mehrere Jahre andauern. Das größte Problem ist jedoch, dass Tiere die Zigarettenkippen mit natürlicher Nahrung verwechseln. Diese gelangen dann über die Nahrungskette auch in unseren menschlichen Körper.

## Farben

Auch in vielen Lacken und Farben sind Mikroplastikteilchen enthalten. Hier werden sie vor allem als Binde- und Verdickungsmittel eingesetzt. Zum einen werden diese Teilchen bereits bei der Verwendung, also dem Anstreichen an sich freigesetzt. Zum anderen gelangen sie beim Auswaschen der Pinsel ins Abwasser.

## Reinigungsmittel

Reinigungsmittel können wie Kosmetika und Hautpflegeprodukte Mikroplastik enthalten, das dann ins Abwasser gelangt. Auch das kann nicht in Kläranlagen herausgefiltert werden. Insbesondere ist es in Reinigern für Cerankochfelder zu finden.

## Putzutensilien

Viele Putztücher werden aus Mikrofasern hergestellt. Ebenso besteht der Schaumstoff von Spülschwämmen auf Kunststoff. Diese Kunstfasern gelangen dann über das Abwasser in unsere Umwelt.

# Kapitel 2

## Plastikfreie Alternativen

Kunststoffe sind in allen unseren Lebensbereichen vertreten. Wir haben uns so an das Leben mit Plastik gewöhnt, dass sich wohl nur wenige Menschen vorstellen können, darauf zu verzichten. Doch ein Leben ohne Plastik ist möglich. Schließlich haben unsere Eltern und Großeltern auch noch einen großen Teil ihres Lebens ohne Kunststoffe in solchen Mengen, wie es heutzutage normal ist, bestritten. Im folgenden Kapitel wirst du erfahren, in welchen Lebensbereichen du bewusst oder unbewusst mit Plastik in Berührung kommst und wie du es in Zukunft vermeiden kannst. So kannst du aktiv gegen den immer weiter wachsenden Plastik-Müllberg auf unserem Planeten vorgehen. Dabei musst du gar nicht so weit gehen wie es die Experten im Plastik-Verzicht betreiben. Wer ganzheitlich ökologisch leben möchte, der macht grundsätzlich den Großteil seiner benötigten Dinge selbst. Doch auch als Einsteiger kannst du Alternativen zum Plastik nutzen. Beide Wege wirst du in diesem Kapitel des Buches kennenlernen. So kannst du dich selbst entscheiden, ob du sofort auf das Experten-Level im Plastik-Verzicht aufsteigen willst oder dich für die softere Variante entscheidest.

# Plastikfreier Haushalt

Den wachsenden Plastikmüllberg einzudämmen, wird nur gelingen, wenn sich jeder von uns an diesem Kampf beteiligt. Schließlich ist es unser aller Planet, der durch die zunehmenden Mengen an Plastik immer weiter belastet wird. Beginnen könnt ihr damit bereits im eigenen Haushalt. Hier stecken viele Plastikgegenstände und Verbrauchsmaterialien aus Kunststoff, für die es gute Alternativen gibt. Dadurch ist es gar nicht so schwer wie viele Menschen glauben, den Plastikverzicht zu leben. Eines gilt es dabei zu beachten: Sicherlich nutzt du derzeit viele Gegenstände aus Plastik in deinem Haushalt. In den folgenden Absätzen wirst du Alternativen für diese Sachen kennenlernen. Es wäre jedoch unsinnig, wenn du nach dem Durchlesen dieses

Buches alle Plastikgegenstände aus deinem Haushalt wegschmeißt, um sie durch plastikfreie Alternativen zu ersetzen. Denn das wäre auch nicht im ökologischen Sinne. Nutze die vorhandenen Gegenstände ruhig noch so lange wie sie brauchbar sind. Ist die Zeit für eine Neuanschaffung gekommen, greife zu einer der im Folgenden genannten Alternativen. Die Natur wird es dir danken.

### Stoff-Taschentücher statt Einweg-Taschentücher

Zwar werden Taschentücher zur Einmalbenutzung aus recycelten Materialien hergestellt, die auch leicht verrotten, allerdings sind sie immer in Plastik-Packungen eingeschweißt. Das sogar meistens doppelt, denn nicht nur die Tücher selbst haben die schützende Plastikschicht um sich. Auch die Packungen sind oft in größeren Familienpackungen zu zehn oder zwanzig Stück in Folie eingeschweißt. Dieser zusätzliche Plastikmüll lässt sich ganz einfach mit der Verwendung von Stoff-Taschentüchern vermeiden. Sie sind genauso hygienisch und lassen sich ganz normal in der Waschmaschine reinigen. Außerdem lassen sich dadurch auch die aufzubringende Energie und das Wasser, welches für die Produktion der Einweg-Taschentücher aufgewendet werden muss, einsparen.

Für echte Plastikhelden

Im Sinne der ökologischen Nachhaltigkeit kannst du deine Stoff-Taschentücher ganz einfach selbst anfertigen. Hierzu eignen sich alte T-Shirts oder Sommerkleidchen, die du sowieso nicht mehr anziehst. Durch das Kleinschneiden in handliche Taschentuchformate gibst du dem Stoff der Kleidung einen neuen Bestimmungszweck und vermeidest so nicht nur den Müll durch das Wegwerfen der Kleidung, sondern sparst auch die Ressourcen, die zur Herstellung neuer Stofftaschentücher nötig wären, ein.

**Stoff-Lappen statt Mikrofaser-Reinigungstücher**
Viele moderne Putzutensilien versprechen uns grenzenlose
Sauberkeit dank modernster Mikrofasern, die den Schmutz
regelrecht anziehen sollen. Dass unsere Großeltern ihren Haushalt
auch ohne diese plastikhaltigen Mikrofasern sauber bekommen
haben, vergessen wir dabei wohl. Und wer einen echten Vergleich
zwischen einem modernen Mikrofasertuch und einem
herkömmlichen Baumwoll-Lappen anstrebt, der wird merken,
dass kein signifikanter Unterschied in der Reinigungsleistung
festzustellen ist.

Für echte Plastikhelden
Auch Reinigungstücher und Lappen lassen sich aus abgetragenen
Kleidungsstücken herstellen. Am besten sind dafür T-Shirts und
Unterhemden geeignet. Hast du gerade keine Kleidungsstücke
zum Aussortieren, kannst du auch einfach nach dem nächsten
Waschgang die nächste vereinsamte Socke als Putzlappen
wiederverwenden.

**Edelstahl- und Glastrinkflaschen statt Plastikbabyflaschen**
Die Belastung mit Plastik fängt bereits im Baby-Alter an. Kaum
auf der Welt, bekommen wir die erste Flaschenmilch aus einer
Plastikflasche. Gerade für Babys und Kleinkinder kann dies sehr
gefährlich werden, wenn in dem Material der Flasche
Weichmacher oder andere giftige Stoffe enthalten sind.
Insbesondere beim Befüllen mit warmer Milch können diese sich
aus dem Material lösen und somit ins Trinken deines Kleinen
gelangen. Bei Babys und Kindern können diese Stoffe
Entwicklungsstörungen auslösen. Greife daher lieber auf eine
Babyflasche aus stabilem Glas oder Edelstahl zurück.

Für echte Plastikhelden
Auch die meisten Trink-Aufsätze oder Mundstücke von
Babyfläschchen bestehen aus Kunststoff. Achtet hierbei am
besten darauf, dass diese aus lebensmittelechtem Silikon oder
besser noch aus Naturkautschuk bestehen. Das Gleiche gilt für
den Schnuller deines Babys.

## Biologisch abbaubares Einmal-Geschirr statt Wegwerf-Plastikgeschirr bei Partys

Besonders in den lauen Sommernächten ist es besonders schön, zusammen mit Freunden im Garten oder auf dem Balkon bis tief in den Abend hinein zusammenzusitzen, zu grillen und die laue Sommernacht zu genießen. Da die wenigsten Haushalte über ausreichend Geschirr für viele Gäste verfügen, wird leider viel zu häufig Plastik-Wegwerf-Geschirr verwendet. Einmal benutzt landet es danach direkt in der Tonne und trägt somit einen nicht unerheblichen Teil zur Plastikverschmutzung unseres Planeten bei. Hierzu gibt es bereits Alternativen aus Holz oder Laubblättern. Sie können nach der Benutzung auf Partys sogar kompostiert werden und gelangen so biologisch nachhaltig in den natürlichen Kreislauf zurück.

### Für echte Plastikhelden

Geschirr selbst zu machen, ist sehr schwierig. Dennoch lässt sich altes Geschirr einfach wiederverwenden. Insbesondere wenn dir für Partys das „gute" Geschirr zu schade ist, auf denen doch mal etwas kaputtgehen kann, lege dir einfach spezielles Party-Geschirr zu. Auf Kleinanzeigenportalen gibt es fast täglich neue Inserate, in denen altes Geschirr verschenkt wird. Dieses kannst du noch einwandfrei für Grillabende oder Partys nutzen. Es kann im Anschluss abgewaschen werden und produziert damit keinen Müll. Außerdem ist es nicht so tragisch, wenn es mal runterfällt.

## Bio-Müllbeutel statt Kunststoffbeutel im Mülleimer

Müll lässt sich nicht immer vermeiden. Selbst wenn man den Plastikmüll weitestgehend reduziert, fällt im Haushalt immer noch genügend anderer Müll an. Herkömmliche Müllbeutel sind aus Kunststoff. Dadurch lässt sich selbst bei Plastikverzicht nicht gänzlich der Plastikmüll vermeiden. Die Alternative hierzu sind kompostierbare Müllbeutel aus Bio-Kunststoff. Sie haben bei der Benutzung ähnliche Eigenschaften wie herkömmliche Müllbeutel, bieten allerdings den Vorteil, dass sie keine Mikroplastikrückstände in der Umwelt hinterlassen.

Für echte Plastikhelden
Auf Müllbeutel kann grundsätzlich gänzlich verzichtet werden.
Man muss sich nur daran gewöhnen, den Mülleimer öfter zu leeren
und bei Geruchsentwicklung auch öfter auszuspülen. Um klebrige
Reste am Boden des Mülleimers zu vermeiden, kann dieser mit
Zeitungs- oder Papierresten ausgelegt werden.

**Gläser und Metallboxen statt Tupperdosen**
Auch in der Küche lässt sich auf Frischhalteboxen aus Plastik
verzichten. Die klassischen Schraubgläser, aber auch
Einmachgläser mit Bügelverschluss oder Frischhalteboxen aus
Metall sind eine gute Alternative zu Tupper und Ähnlichem. Die
meisten eignen sich auch zum Einfrieren.

Für echte Plastikhelden
Damit nicht extra neue Einmachgläser gekauft werden müssen,
eignen sich auch gebrauchte Marmeladengläser oder Honigtöpfe
zur Aufbewahrung oder zum Einfrieren von Lebensmitteln. Sie
müssen nur vorher gründlich mit heißem Wasser ausgespült
werden. Dann können sie bedenkenlos wiederverwendet werden.

**Stoffwindeln statt Einweg-Windeln**
Bis Kinder trocken sind, werden durchschnittlich rund 6.000
Windeln verbraucht. Diese enorme Menge kostet nicht nur eine
große Summe Geld, sondern ist auch schädlich für die Umwelt.
Denn jede Windel enthält Kunststoffe, die so im Müll landen. Der
daraus resultierende Müll ist von der Natur nicht abbaubar.

Für echte Plastikhelden
Einige Eltern schwören bei Babys und Kleinkindern auch auf die
„Windelfrei-Methode". So lassen sich die Kinder oft auch früher
zum Töpfchen-Gehen erziehen. Sicherlich ist diese Methode nicht
für jeden was, doch es lassen sich nicht nur die Windeln, sondern
auch die Kosten für Wasser und Energie für die Reinigung der
Stoffwindeln einsparen.

**Natürliche Reinigungsmittel statt Chemie-Keule**

Viele Reinigungsmittel enthalten Kunststoffe und Plastik. Diese gelangen über das Abwasser in den natürlichen Wasserkreislauf, denn sie können auch von modernsten Kläranlagen nicht herausgefiltert werden. Somit gelangen diese Stoffe letztlich auch in unser Trinkwasser. Allerdings gibt es heute bereits zahlreiche Alternativen in Form von Bio-Reinigern, die auf unnötige Chemie und die Verwendung von Kunststoffen verzichten und damit unsere Umwelt schonen.

Für echte Plastikhelden

Reinigungsmittel lassen sich auch ganz einfach selbst herstellen. Eine Grundlage für viele Reinigungsmittel ist Essig. Im Netz lassen sich viele alternative Reinigungsmittel finden, die du selbst zu Hause herstellen kannst. So kannst du nicht nur eine Menge Geld sparen, sondern weißt zu hundert Prozent, was in dem Reinigungsmittel enthalten ist.

# Plastikfreies Badezimmer

Von A wie Augenbrauenschminke bis Z wie Zahnbürste, auch in unseren Bädern finden sich eine Menge Kunststoffe, versteckt in zahlreichen Pflege- und Beautyprodukten. Im folgenden Abschnitt erfährst du, wie du künftig auf die Nutzung von Plastik bei der Körperpflege verzichten kannst. Für dich als normalen Verbraucher ist es leider nicht immer einfach zu erkennen, ob ein Produkt Kunststoffe und Mikroplastik enthält. Zwar besteht eine Kennzeichnungspflicht für die Inhaltsstoffe, diese Fachbegriffe sind für den Laien jedoch nicht sofort mit Mikroplastik in Verbindung zu bringen. Du erkennst Produkte mit Mikroplastik oder Kunststoffinhalten, wenn bei den Inhaltsstoffen die Begriffe Polyethylen (kurz: PE), Polyamid (kurz: PA), Polypropylen (kurz: PP) oder Polyethylenterephthalat (kurz: PET) zu lesen sind. Bei entsprechend zertifizierten Produkten aus Naturkosmetik ist

Mikroplastik jedoch gänzlich verboten. Sie dürfen keine Kunststoffe oder andere Stoffe auf Basis von Erdöl enthalten. Als Ersatz werden pflanzliche oder mineralische Stoffe verwendet. Diese können beispielsweise Kreide, Tonerde, Salz oder Kieselmineralien sein. Auch getrocknete Schalen von Nüssen oder die Kerne von Trauben, Aprikosen und Oliven werden gerne in Naturkosmetikprodukten verwendet. Teilweise enthält natürliches Make-up auch gemahlene Edelsteine oder Mineralien. Bio-Kosmetika sind anhand von Siegeln, wie dem von Ecocert, BDIH, Demeter oder Natrue, erkennbar.

**Holzzahnbürsten statt herkömmlicher Plastik-Zahnbürsten**
Anstelle der herkömmlichen Plastikzahnbürste kannst du in Zukunft auch aus Bambus gefertigte Zahnbürsten nutzen. So vermeidest du nach Gebrauch unnötigen Plastikmüll und auch das Mundgefühl ist nicht wesentlich anders als bei einer Kunststoffzahnbürste.

Für echte Plastikhelden
Auch einige Zahnpasten enthalten Mikroplastik oder Kunststoffe und fast jede Zahnpasta kommt in einer Plastikverpackung daher. Zahnpasta lässt sich aber auch ganz einfach selbst herstellen. Mit etwas Kokosfett, ein bisschen Natron und Pfefferminzöl lässt sich eine einwandfreie Zahnpasta zusammenmixen, die die Zähne reinigt, ein frisches Mundgefühl verleiht und auch geschmacklich der industriellen Zahnpasta in nichts nachsteht.

**Bio Make-up statt Standard-Markenware**
Viele Prominente werben im Fernsehen für Make-up namhafter Hersteller. Dass in vielen dieser Schönheitsprodukte jedoch Mikroplastik und andere Kunststoffe enthalten sind, wird in der Werbung nicht erzählt. Alternativ dazu kannst du Bio-Make-up verwenden, welches mit natürlichen Wirkstoffen den gleichen Effekt erzielt.

Für echte Plastikhelden

Verzichte ganz auf Make-up. Das schont nicht nur deinen Geldbeutel, sondern auch deine Haut und lässt deine natürliche Schönheit zum Vorschein kommen.

## Natürliches Peeling statt überteuerter Cremes mit Plastikanteilen

Viele herkömmliche Cremes und Peelings enthalten Mikroplastik, um ein angenehmes Hautgefühl zu erzeugen. Das ist aber nicht nur für unsere Haut schädlich, sondern gelangt spätestens beim Duschen wieder in den Wasserkreislauf, wo es in den Kläranlagen nicht vollständig gefiltert werden kann. Bio-Peelings und -Cremes verzichten auf den Einsatz von Mikroplastik und sind damit besser hautverträglich und umweltschonender.

Für echte Plastikhelden

Auch Peelings und Cremes lassen sich auf natürliche Weise selbst zusammenstellen. Dazu eignen sich beispielsweise sechs Esslöffel Kaffeesatz vermengt mit zwei Löffeln Olivenöl. Mit diesen natürlichen Zutaten lässt sich ganz einfach ein biologisches Peeling für die Haut herstellen. Natürliches Kokosöl kann auch als Alternative zu herkömmlichen Cremes genutzt werden. Es macht die Haut geschmeidig und versorgt sie mit vielen wichtigen Nährstoffen.

## Naturkosmetik-Duschgels statt Kunststoff-Duschgels

Auch viele Duschgels enthalten Mikroplastik und Kunststoffe. Diese gelangen schon beim Duschen direkt ins Abwasser und damit am Ende auch in den natürlichen Wasserkreislauf von Seen, Flüssen und in das Grundwasser. Doch auch hierzu gibt es alternative zertifizierte Bio-Duschgels, die auf den Einsatz von Kunststoffen verzichten.

Für echte Plastikhelden

Anstelle von Duschgels reicht es auch, natürliche Seife beim Duschen und Baden zu verwenden. Wem das nicht genügt, der kann sich auch sein Duschgel selbst herstellen. Dazu werden lediglich ein Stück Naturseife, etwas Wasser, etwas Olivenöl oder Sonnenblumenöl und ein natürliches Verdickungsmittel, wie Speisestärke oder Johannisbrotkernmehl, benötigt. Diese Zutaten werden gut miteinander vermengt und schon hat man ein natürliches Duschgel selbst hergestellt.

# Plastikfrei unterwegs

Die Erfindung des Plastiks hat unser Leben deutlich einfacher gemacht. Besonders wenn man unterwegs ist, glänzt der aus Erdöl hergestellte Werkstoff mit seinen guten Eigenschaften. Egal ob die Pausenbrote für die Kinder in der beliebten Brotbox verpackt werden, der Reiseproviant für die Fahrt in den Urlaub in Frischhaltefolie eingewickelt ist oder du dir auf dem Weg zur Arbeit noch schnell einen Coffee-to-go beim Bäcker am Bahnhof genehmigst. Ohne Kunststoffe wären viele dieser Dinge nicht möglich. Doch so angenehm die Verwendung von Plastik auch ist, sie verursacht eine Menge Müll und schädigt unsere Umwelt immens. Dabei gibt es zahlreiche Alternativen, mit denen man auch unterwegs auf Plastik verzichten kann.

### Mehrweg-Becher statt Coffee-to-go
Von außen betrachtet muss unsere Gesellschaft manchmal sehr verrückt erscheinen. Kaum das Haus verlassen, genehmigen wir uns beim Bäcker oder der Café-Kette um die Ecke ein Heißgetränk zum Vielfachen des Preises, verglichen mit zu Hause, in einem Becher, der direkt nach der Benutzung entsorgt wird. Oft genug verbrennen wir uns noch die Finger, da der Pappbecher die Hitze des Kaffees nicht abhalten kann. Die bessere Alternative dazu ist, sich einen eigenen Coffee-to-go Becher anzulegen. Diese sind meist aus Edelstahl und dadurch auch langlebig. Viele Bäckerei- und Caféhausketten bieten inzwischen sogar Rabatte auf ihre Produkte, wenn du dir deinen eigenen Becher befüllen lässt. So wollen auch diese Unternehmen zur Förderung der

Vermeidung von Plastikmüll durch Einwegbecher beitragen.

<u>Für echte Plastikhelden</u>
Noch mehr Geld kannst du sparen, wenn du dir deinen Kaffee zu Hause vorkochst. Nimm dann einfach eine Thermoskanne mit und du hast den ganzen Tag frischen warmen Kaffee, ohne Unmengen von Geld dafür auszugeben.

## Edelstahl-Brotbüchsen statt Tupperdosen

Auch die Kleinen müssen im Laufe des Tages, beispielsweise im Kindergarten oder der Schule, etwas essen. Viele Eltern nutzen daher die beliebten Tupperdosen oder andere Brotbüchsen aus Plastik, um dem Nachwuchs seine Essensportion mitzugeben. Besser ist es, hier Edelstahl-Büchsen zu verwenden. Im Gegensatz zu Plastikdosen enthalten sie keine Weichmacher, die eventuell in die Nahrung abgegeben werden können und beim Kind Gesundheits- und Entwicklungsstörungen auslösen könnten.

<u>Für echte Plastikhelden</u>
Verzichte nach Möglichkeit auf das extra Einwickeln des Essens in Frischhaltefolie. In einer guten Brotbüchse bleibt das Essen auch so ausreichend über den Tag frisch. Bei Obst und Gemüse lässt du am besten die Schale noch dran, dein Kind oder die Erzieher können sie dann vor Ort entfernen. So bleiben die natürlichen Leckereien für den Transport durch ihren natürlichen Schutzmechanismus geschützt.

# Plastikfreier Einkauf

Schon bevor viele Dinge unseren Haushalt erreichen, lässt sich eine Menge Plastik einsparen. Im Supermarkt oder im Zuge einer Veränderung unseres eigenen Einkaufsverhaltens kann jeder Einzelne dazu beitragen, dass der Plastikmüll auf unserem Planeten reduziert wird. Einige Tipps, wie das gelingen kann, erfährst du im nachfolgenden Abschnitt.

**Stoffbeutel statt Plastiktüte**
Viele Läden und Einkaufsketten haben die Plastiktüten schon aus ihrem Sortiment gestrichen. Das ist ein erster Schritt in die richtige Richtung, um den Plastikmüll auf unserem Planeten zu reduzieren. Dennoch werden in einigen Geschäften noch immer gegen ein kleines Entgelt Einweg-Plastiktüten zur Verfügung gestellt, die sehr häufig nach einmaliger Nutzung im Müll landen. Auf diese unnötige Verwendung von Plastik kannst du ganz einfach verzichten, indem du dir angewöhnst, zum Einkaufen zukünftig immer einen Stoffbeutel mitzunehmen. Auch der klassische Einkaufskorb ist dazu sehr nützlich.

Für echte Plastikhelden
Aus einem alten T-Shirt lässt sich ganz einfach ein Einkaufsbeutel selbst machen. So wird dem alten Kleidungsstück wieder neues Leben eingehaucht und unnötiger Müll vermieden.

**Verwendung von Leitungswasser statt Kauf von PET-Getränkeflaschen**
PET-Flaschen werden durch das Pfandsystem in Deutschland zwar wiederverwertet, allerdings gibt es ein solches System nicht in allen Ländern. Und auch hierzulande gelangen nicht alle Flaschen wieder in den Recycling-Kreislauf. Teilweise werden sie einfach in die Natur geworfen, wo sie Jahrhunderte brauchen, um sich zu zersetzen. Eine gute Alternative hierzu ist der Kauf von Glasflaschen, denn diese können nach gründlichem Ausspülen mehrfach wiederverwendet werden. Außerdem besitzt in allen

deutschen Städten das Leitungswasser Trinkwasserqualität, sodass man es bedenkenlos zu sich nehmen kann, um den Flüssigkeitshaushalt aufzufüllen. Mit einer Trinkflasche aus Edelstahl lässt es sich auch überall mit hinnehmen.

<u>Für echte Plastikhelden</u>
Mit einem Wasserfilter wird das Leitungswasser noch gesünder und schmackhafter. Mit einem Gerät, wie einem Soda-Stream, lässt sich aus normalem Leitungswasser auch ganz einfach zu Hause Sprudelwasser oder auch andere Erfrischungsgetränke herstellen.

## Loses Obst und Gemüse statt doppelt verpackter Ware
In vielen Supermärkten findet man tatsächlich in Plastik verpacktes Obst. Dass dies der Gipfel der Plastikverschwendung ist, das ist wahrscheinlich jedem klar. Denn schließlich gibt die Natur den Früchten und dem Gemüse schon eine naturgemäße Schutzschicht mit. Das zusätzliche Verpacken in Plastikfolie oder Plastikbeutel ist daher nicht nötig.

<u>Für echte Plastikhelden</u>
Wirklich frisches und natürliches Obst und Gemüse findest du in Hof- und Bauernläden. Dort gibt es noch regionale Erzeugnisse ohne zusätzliche Plastikverpackungen. In den meisten Fällen sind die dort erhältlichen Produkte sogar in Bioqualität.

## Unverpackt-Läden statt große Discounterketten
In der letzten Zeit gibt es immer mehr sogenannte „Unverpackt-Läden". Sie bieten Artikel, egal ob aus dem Food- oder Non-Food-Bereich, ohne unnötige Verpackungen an. So wird ein großer Beitrag zur Verringerung des Verpackungsmülls geleistet. Man kann sich hier Nudeln, Reis und andere Produkte in den gewünschten Mengen in mitgebrachte oder zu erwerbende Mehrweg-Behälter abfüllen lassen und diese Behältnisse einfach beim nächsten Einkauf wiederverwenden. Der positive Nebeneffekt: Auch die Lebensmittelverschwendung wird dadurch reduziert. Insbesondere in Zeiten der steigenden Anzahl von

Single-Haushalten sind Lebensmittelverpackungen oft zu groß dimensioniert, wodurch es die Kunden oft nicht schaffen, alles aufzubrauchen. Dadurch wird viel weggeworfen. Wenn bereits beim Kauf nur die benötigte Menge abgefüllt wird, kann das vermieden werden.

Für echte Plastikhelden

Gemüse und Obst lassen sich auch zu Hause züchten. Besonders wenn du einen eigenen Garten hast, kannst du es durchaus schaffen, dich mit diesen Produkten selbst zu versorgen. Auch Nudeln lassen sich selbst herstellen. So wird eine große Menge unnötiger Plastikmüll vermieden.

# Plastikfreier Garten

Selbst im Garten ist Plastik allgegenwärtig. Da ist es gar nicht so leicht, darauf zu verzichten. Doch auch in diesem Bereich geht es. Auch hier geht es schon in den Gartenmärkten los, in denen die Pflanzen in Plastiktöpfen verkauft werden. Aktuellen Expertenschätzungen zufolge werden jedes Jahr allein Deutschland über 500 Millionen Blumentöpfe oder Pflanzgefäße aus Kunststoff verkauft. Dazu kommen dann noch unzählige Säcke an Blumenerde und verschiedenste Dünger und Pflanzenschutzmittel, die oft auch Kunststoff enthalten. Das Problem dabei ist, dass sie meist nach einmaligem Gebrauch weggeworfen werden. Diese Verschwendung in hohem Maße kann jedoch aufgehalten werden.

## Kompostierbare Pflanzgefäße statt Plastikblumentöpfe

Heutzutage gibt es immer mehr Bau- und Gartenmärkte, die ihre Pflanzen in biologisch abbaubaren Gefäßen anbieten. Oft bestehen sie aus Holzresten, Pflanzenblättern oder Kokosfasern. Einige davon können direkt mit eingepflanzt werden, andere lassen sich auch mehrmals verwenden und können später auf dem

Kompost entsorgt werden.

### Für echte Plastikhelden

Nimm zum Kauf neuer Pflanzen eigene wiederverwendbare Pflanzgefäße mit und lass dir die Pflanzen direkt vor Ort umpflanzen. Viele Anbieter sehen das sehr gern, da sie dadurch auch selbst Kosten sparen, wenn die vorhandenen Pflanzgefäße wiederverwendet werden können.

## Qualitätswerkzeuge statt billige Plastikutensilien

Gartenwerkzeuge aus robusten Materialien, wie Holz oder Metall, sind nicht nur deutlich langlebiger als Plastikschippen und Co. Bei richtiger Pflege können sie Jahrzehnte lang halten und schonen so nicht nur deinen Geldbeutel, sondern auch die Umwelt.

### Für echte Plastikhelden

Auch Gartenwerkzeuge lassen sich selbst herstellen. Dazu ist sicherlich einiges an handwerklichem Geschick nötig, aber es ist meist günstiger als neue Utensilien zu kaufen. Wenn du selbst handwerklich nicht geschickt bist, dann hast du vielleicht einen Freund oder Bekannten, der dir dabei helfen kann?

## Upcycling statt neu kaufen

Unter dem Begriff „Upcycling" versteht man das Wiederverwenden gebrauchter Gegenstände zu einem anderen Zweck. Das spart eine große Menge Müll ein und schont den Geldbeutel, da nichts neu gekauft werden muss. So können beispielsweise gewöhnliche leere Plastikflaschen oder auch Joghurtbecher zum Garteneinsatz „ge-upcycelt" und als Pflanzgefäße verwendet werden.

### Für echte Plastikhelden

Leere Plastikflaschen können mit etwas Kreativität auch zu formschönen Vasen umfunktioniert werden. Dazu müssen sie nur gründlich gereinigt, auf die gewünschte Größe zugeschnitten und nach Lust und Laune verziert werden. Schon hat man einen einmaligen Hingucker, der garantiert ein Unikat darstellt. Vergiss dabei nicht, ein paar Luftlöcher hineinzubohren.

**Bio-Dünger und -Pflanzenschutzmittel statt Chemie-Keule**
Wie in Haushaltsreinigern und Kosmetika sind auch in vielen
Pflanzenschutz- und Düngemitteln Mikroplastik oder Kunststoffe
enthalten. Der Einsatz von Bio-Dünger und natürlichen
Pflanzenschutzmitteln schont dagegen die Umwelt und sorgt für
eine ausgeglichene Fauna und Flora.

Für echte Plastikhelden
Lege deinen Garten so an, dass auf Düngemittel und
Schädlingsbekämpfung verzichtet werden kann. Für jeden
Schädling gibt es auch eine Pflanze, die diesen bekämpfen und
abhalten kann.

# Plastikfreie Kleidung

Besonders in den letzten beiden Jahrzehnten hat der Anteil von
synthetischer Kleidung und Synthetik-Fasern in Kleidungsstücken
sehr zugenommen. Aktuellen Untersuchungen zufolge beinhalten
heute rund 60 Prozent aller Kleidungsstücke synthetische Stoffe,
wie Polyester, Elasthan oder andere Spezial-Stoffe, die auf der
Basis von Erdöl hergestellt werden. Viele Kunden schätzen die
guten und nützlichen Eigenschaften der synthetischen Fasern. So
lassen sie sich gut reinigen und sind oft besonders atmungsaktiv.
Doch viele unterschätzen dabei die Gefahr, die von diesen Stoffen
ausgeht. Das gilt nicht nur für die Natur, sondern auch für die
eigene Gesundheit. Natürliche Stoffe, wie beispielsweise
Baumwolle, können biologisch abgebaut werden, Synthetik-Stoff
dagegen nicht. Außerdem setzen sie schon während der
Benutzung, insbesondere unter UV-Einstrahlung und beim
Waschen, giftige Stoffe und Mikroplastik frei. Diese Stoffe
gelangen so ins Abwasser und können von Kläranlagen nicht
vollständig herausgefiltert werden. Über den natürlichen

Wasserkreislauf landen sie am Ende in der Nahrungskette und somit auch in uns Menschen. Bei jedem Waschgang werden rund 3.000 Fasern ins Abwasser gepumpt, die gar nicht oder nur sehr langsam biologisch abbaubar sind. Vielen Verbrauchern fällt es aber schwer, die Synthetikfasern in der Kleidung zu erkennen. Zwar müssen die Bestandteile der Kleidung gekennzeichnet und ausgewiesen sein, dennoch können die meisten mit diesen Bezeichnungen nur wenig anfangen. Folgende Materialien enthalten besonders schädliches Mikroplastik und sollten daher in Kleidungsstücken nach Möglichkeit vermieden werden:

- Polyester
- Polyacryl
- Polyamid
- Elasthan
- Acetat

Nun weißt du zwar, wie die Materialien heißen, die als Kunststoffe in der Kleidung vorkommen können, allerdings stellt sich ein weiteres Problem: Durch kleinste Veränderungen in ihrer Zusammensetzung können diese Materialien auch unter anderem Namen in Kleidungsstücken verarbeitet sein. So kennt man Polyester auch als Thermolite, Polarguard oder Diolen. Polyester ist der wohl am häufigsten verwendete Synthetik-Stoff in Kleidungsstücken und wird nicht nur in Outdoor- oder Sportkleidung verwendet, sondern auch in Alltagskleidungsstücken. Polyacryl wird oft mit Baumwolle vermischt und vor allem in Jacken, Pullovern oder Socken verwendet. Man kennt sie auch unter den Namen Dolan, Dralon oder Orlon. Polyamid, auch Nylon, Tactel oder Dederon genannt, ist wasserabweisend und findet sich daher vor allem in Outdoorbekleidungen und in Bademode. Klassischerweise kennt man aber auch den Nylon-Strumpf für die Frau. Besonders elastisch ist das am Namen erkennbare Elasthan, welches auch als Lycra, Spandex oder Dorlasthan bekannt ist. Es wird vor allem in Stretch-Mode verwendet. Acetat sieht so ähnlich aus wie die natürliche Seide und wird daher auch Kunstseide genannt.

Allerdings ist auch diese halbsynthetische Faser nur schlecht biologisch abbaubar. Ob und wie viel von einer Kunstfaser in einem Kleidungsstück enthalten ist, muss auf dem Etikett gekennzeichnet werden. Auch bei der Kleidung kann auf Kunststoffe verzichtet werden. Dazu erhältst du die folgenden Tipps:

## Spezielle Wäschesäcke verhindern Mikroplastik im Abwasser

Wenn du noch Kleidungsstücke aus Synthetikfasern im Kleiderschrank hast, kannst du sie natürlich vorerst weiterverwenden. Bei der Wäsche kannst du einen speziellen Wäschesack in die Waschtrommel legen, der die Mikroplastikteilchen auffängt, sodass sie nicht ins Abwasser gelangen können. Nach dem Waschgang kann er dann einfach im Hausmüll entsorgt werden.

Für echte Plastikhelden

Spezielle Wasserfilter im Abwasser können auch verhindern, dass Mikroplastikteilchen in den Wasserkreislauf gelangen. So können auch Teilchen von Mikroplastik aus dem Abwasch oder der Dusche aufgefangen werden.

## Kleidung aus Naturfasern statt synthetischer Kleidung

Naturfasern sind nicht nur die umweltfreundlichere Alternative, sondern auch besser für die Haut. Sie lassen sich nach Gebrauch weiterverwenden, beispielsweise als Putzlappen oder Ähnliches.

Für echte Plastikhelden

Wer selbst nähen kann und etwas handwerkliches Geschick mitbringt, der kann seine Kleidung auch selbst aus natürlichen Stoffen nähen. So kann man sicherstellen, dass auch die Herstellung der Kleidung umweltfreundlich und nachhaltig vonstattengeht.

## Halbsynthetische Fasern sind eine gute Alternative

Auch bei der Herstellung von Natur- und halbsynthetischen

Fasern werden Chemikalien verwendet, die die Umwelt belasten können. Allerdings können die Teilchen aus den Fasern selbst schneller abgebaut werden und sind daher biologisch verträglicher als Synthetikfasern. Teilweise sind halbsynthetische Fasern sogar ökologisch nachhaltiger als reine Naturfasern. Bei halbsynthetischen Fasern handelt es sich um Stoffe, die aus Pflanzenstoffen, beispielsweise Zellulose, gewonnen werden. In den Eigenschaften ähneln sie den Synthetikfasern. Sie sind aber wesentlich ökologischer, da sie biologisch abbaubar sind. Eine der bekanntesten halbsynthetischen Fasern ist die Viskose. Sie wird durch ein spezielles Verfahren aus Holzfasern hergestellt und ist damit nachhaltiger als beispielsweise die Gewinnung von Baumwolle, da weniger Energie und Wasser benötigt werden. Ebenso können Textilfasern aus Bambus gewonnen werden. Eine weitere halbsynthetische Faser, Modal genannt, wird aus dem Holz der Buche gewonnen. Dadurch ist diese Textilfaser auch in den Klimaregionen Mitteleuropas herstellbar und schont damit durch kürzere Transportwege die Umwelt. Zudem muss auch kein Regenwald gerodet werden, wie es in südlichen Ländern für die Baumwollproduktion heute leider immer noch gängige Praxis ist. Auch Lyocell, oder Tencel genannt, kann aus Holz hergestellt werden. Das Besondere hierbei ist, dass diese Fasern sehr schnell biologisch abgebaut werden können und somit besonders umweltschonend sind. Lyocell wird vor allem bei der Produktion von Outdoor- und Funktionskleidung genutzt, da es wasserabweisende und temperaturregulierende Eigenschaften aufweist.

Bekannte Hersteller, die dieses relativ neue Material bereits in ihren Produkten verwenden, sind VAUDE, TRIGEMA und ARMEDANGELS. Dank dieser neuen Entwicklungen in Richtung der natürlich abbaubaren, halbsynthetischen Textilfasern lassen sich fast alle Kleidungsstücke ökologisch produzieren und belasten damit die Umwelt deutlich weniger als die noch viel zu oft verwendeten Synthetikfasern. Bei der Auswahl der Kleidung solltest du daher auf Textilien aus diesen Materialien oder aber aus natürlichen Materialien wie Seide, Leinen, Baumwolle oder auch

Hanf achten. Somit leistest du auch einen guten Beitrag zur Reduktion des Plastikmülls auf unserem Planeten. Und das, ohne sich großartig einschränken zu müssen. Das Einzige, was du dafür tun musst, ist beim nächsten Shoppingtrip einen Blick auf das Etikett der Sachen zu werfen, die du kaufen möchtest. Auf lange Sicht gesehen ist auch der oft ein wenig höhere Preis gegenüber Synthetik-Kleidung gerechtfertigt, denn die Billig-Klamotten aus künstlichen Plastik-Fasern halten oftmals nicht sehr lange. Außerdem ist der Schutz unserer Natur und damit auch unseres eigenen Lebensraums mit keinem Geld der Welt aufzuwiegen.

Für echte Plastikhelden

Wenn du einen wirklich nachhaltigen Kleiderschrank besitzen willst, empfiehlt es sich, in Second-Hand-Läden einzukaufen. Die Kleidungsstücke dort sind meist noch von sehr guter Qualität und stehen neuen Sachen in nichts nach. So gibst du der Kleidung, die ein anderer nicht mehr tragen will, ein neues Leben und vermeidest dadurch die Verschwendung von Ressourcen wie Wasser und Energie, die für die Produktion der Kleidung benötigt werden. Viele Second-Hand-Läden bieten auch den Ankauf von gebrauchten Kleidungsstücken an. Wenn du also auf Abwechslung im Kleiderschrank stehst, kannst du so regelmäßig neue Sachen für dich aussuchen, ohne den Geldbeutel zu sehr zu belasten.

# Weitere Möglichkeiten, um Plastik zu vermeiden

Die Reduzierung des eigenen Plastik-Konsums ist insbesondere an den Stellen sinnvoll, wo die unter einem hohen Verbrauch von Ressourcen hergestellten Kunststoff-Produkte nur für einen kurzen Zeitraum benutzt werden. Diese kleine Veränderung im Verhalten eines jeden Einzelnen kann schon einen erheblichen Teil zur Reduktion des Plastikmülls beitragen. Um neben den bereits genannten Tipps die Nutzung von Plastik im Alltag weiter zu reduzieren, kommen hier noch weitere Tipps für einen nachhaltigen Lebensstil:

### Nicht wegwerfen, sondern reparieren

Durch den immer weiter ansteigenden Konsum in unserer Gesellschaft hat sich in den letzten Jahrzehnten eine regelrechte Wegwerf-Mentalität entwickelt. Geht ein Gegenstand kaputt, wird er einfach weggeworfen und ein neuer gekauft. Dabei kann man vieles nach einer kleinen Reparatur wieder benutzen. Ist das nicht mehr möglich, kann man viele Dinge auch zu einem anderen Zweck nutzen. Das nennt man „Upcycling". Was sich dahinter verbirgt und wie es funktioniert, erfährst du später in diesem Buch.

### Werbemüll vermeiden

Jeder kennt es: Man öffnet den Briefkasten und das Erste, was einem entgegenfällt, sind massenhaft Werbeprospekte. Neben der Tatsache, dass zum Druck dieser Prospekte meist Kunststoffe verwendet werden, sind sie oft auch in Plastikfolie eingeschweißt. Dieser unnötige Plastikmüll lässt sich mit einem kleinen aber wirkungsvollen „Bitte keine Werbung"-Aufkleber reduzieren. Wenn du gerne über die neuesten Angebote der Geschäfte in deiner Region informiert bist, kannst du heutzutage fast jeden Prospekt auch im Internet nachlesen. Entweder auf der Webseite des anbietenden Unternehmens oder auf der Internetplattform „Marktguru.de". Dort werden verschiedenste aktuelle Werbeprospekte zur Online-Ansicht bereitgestellt.

## Schenken, leihen und tauschen

Tauschgemeinschaften unter Nachbarn werden immer beliebter. Was der eine braucht, hat der andere und umgekehrt. So muss beispielsweise nicht jeder im Haus eine eigene Bohrmaschine besitzen, denn wie oft nutzt man sie tatsächlich? Gerade in Großstädten sind die Nachbargemeinschaften heutzutage nicht mehr so ausgeprägt und man lebt oft anonym nebeneinander her. Hier bieten Internetportale, wie „eBay-Kleinanzeigen" oder „nebenan.de" eine gute Alternative, um zu schauen, wer in der Nachbarschaft etwas zu verschenken, auszuleihen oder zum Tauschen hat.

## Pulver statt Tabs

Heutzutage wird nur noch selten mit der Hand das Geschirr abgespült. Viele wollen auf den Luxus einer Geschirrspülmaschine nicht mehr verzichten, was auch verständlich ist. Doch auch hier kann man unnötigen Plastikmüll vermeiden, ohne auf diese Annehmlichkeit zu verzichten. Statt einzeln verpackter Geschirrspültabs kann zum Spülen auch loses Geschirrspülpulver im Pappkarton genutzt werden. Wer es ganz ökologisch mag, kann es sogar selbst zusammenmixen. Hierzu benötigt man lediglich etwas Kernseife, Waschsoda und Sauerstoffbleiche.

## Selbstversorgung

In Plastik eingeschweißtes Obst und Gemüse ist der deutliche Beweis dafür, wie sehr Plastik unser Leben regiert und wie sehr wir es nutzen, ohne über den Sinn der Nutzung nachzudenken. Neben dem Einkaufen von losem Obst und Gemüse, was durch die natürliche Schale bereits ausreichend geschützt ist und keine extra Plastikverpackung mehr benötigt, können viele Gemüse- und Obstsorten auch im eigenen Garten oder auf dem heimischen Balkon angebaut werden. Da kann man sich wirklich sicher sein, dass es sich um Bio-Anbau handelt. Außerdem schmecken diese selbst geernteten Leckerbissen wesentlich besser als alles gekaufte Obst und Gemüse.

## Nutzung von Mehrwegverpackungen

Viele Produkte werden schon heute in wiederverwendbaren oder recycelbaren Verpackungen, wie Glas oder Papier angeboten. Dazu gehören unter anderem Wurst und Käse, aber auch Joghurt oder Milch. Einige Läden befüllen an der Frischetheke auch selbst mitgebrachte Gefäße und leisten so einen wichtigen Beitrag zur Vermeidung von unnötigem Müll.

## Der Bäcker macht das beste Brot

In Supermärkten und Discountern gibt es oft nur in Plastikbeutel eingeschweißtes Brot aus industrieller Produktion zu kaufen. Beim Bäcker hingegen wird frisch gebacken, was man auch anhand der Geschmacksunterschiede erkennen kann. Außerdem werden hier meist Papier-Beutel zur Verpackung des Brotes genutzt. Als Alternative dazu kannst du dein Brot auch selbst backen. Die Rezeptur ist nicht allzu schwierig und zur Vereinfachung werden in vielen Geschäften auch fertige Brotbackmischungen angeboten, die nur noch mit Wasser vermengt werden müssen.

## Auch bei der Rasur kann auf Plastik verzichtet werden

Auch für die Rasur gibt es jede Menge plastikfreie Alternativen! Ein Rasierhobel aus Edelstahl ersetzt das kurzlebige Plastikprodukt. Mit fester Rasierseife oder selbst gemachtem Rasieröl kannst du außerdem auf Rasierschaum aus der Dose verzichten.

## Nachhaltiges Abschminken

Herkömmliche Abschmink- und Wattepads enthalten oft Kunststoffe und werden nach einmaligem Gebrauch weggeworfen. Dabei können für eine schonende Gesichtsreinigung auch auswaschbare Stoffpads genutzt werden. Diese reinigen genauso zuverlässig und reduzieren das Müllaufkommen erheblich.

## Die ökologische Alternative für Frischhaltefolie

Frischhaltefolie wird in vielen Haushalten benutzt. Doch durch Ersetzen dieses sehr kurzlebigen Plastik-Produkts lässt sich eine

Menge Müll einsparen. Baumwoll-Tücher zum Abdecken erfüllen im Kühlschrank den gleichen Zweck. Soll Essen für unterwegs eingepackt werden, können wiederverwendbare Metalldosen oder auch Bienenwachstücher genutzt werden. Sie erfüllen den gleichen Zweck wie Frischhaltefolie, sind aber weniger umweltbelastend.

### Schneidebretter aus Holz

Zur Zubereitung von Essen in der Küche werden oft große Schneidebretter aus Kunststoffen verwendet. Diese gegen eine Alternative aus Holz auszutauschen, trägt nicht nur zur Reduktion der Plastikproduktion bei. Durch die im Holz enthaltenen Gerbstoffe wird auch gleichzeitig die Arbeitsfläche auf natürliche Art und Weise desinfiziert. Außerdem können durch den Abrieb vom Schneiden auf Plastik-Brettern kleinste Teilchen des Kunststoffs ins Essen und somit auch in deinen Körper gelangen.

### Auf Antihaft-Beschichtungen verzichten

Viele Pfannen und Töpfe haben heutzutage Antihaftbeschichtungen, um das Kochen und Braten zu erleichtern. Diese bestehen aus Kunststoffen, die sich durch die Hitze ablösen und giftige Dämpfe absondern können. Gusseiserne oder geschmiedete Pfannen und Töpfe sind zwar etwas teurer, erfüllen aber den gleichen Zweck und sind wesentlich umwelt- und gesundheitsschonender. Zudem halten sie bei richtiger Pflege ein Leben lang.

### Küchenutensilien aus Holz und Edelstahl

Neben Schneidebrettern gibt es auch für fast jedes Küchenwerkzeug eine aus Holz oder Edelstahl gefertigte Variante. Sie sind zudem meist deutlich langlebiger als die Billig-Varianten aus Plastik.

### Mehrfach nutzbare Trinkhalme

Neben den bereits angesprochenen Plastikbechern sind auch Plastik-Trinkhalme ein verschwenderisches Wegwerfprodukt mit kurzer Lebensdauer. Wer dennoch bei Partys nicht auf den stilvollen Genuss verzichten möchte, für den gibt es auch

Alternativen aus biologisch abbaubaren Naturmaterialien.

### Selbst frisch und gesund kochen

Fertigprodukte sind nicht nur ungesund, sie hinterlassen auch jede Menge umweltschädlichen Müll. Wer dagegen selbst mit frischen Zutaten kocht, lebt nicht nur gesünder, sondern vermeidet auch gleichzeitig eine erhebliche Menge Müll, der eine Belastung für unsere Umwelt darstellt. Kleiner Tipp: Koche am Vorabend eine ausreichende Menge, dann kannst du am nächsten Tag noch eine vorgekochte Mahlzeit mit zur Arbeit nehmen – natürlich in einem wiederverwendbaren Behältnis. So sparst du nicht nur Geld, sondern auch den Müll, der durch Imbiss- und Kantinenessen verursacht wird.

### Essen unterwegs

Durch Essen-to-go wird auch eine große Menge Plastikmüll verursacht. Viele Imbisse und Schnellrestaurants füllen dir dein bestelltes Essen aber auch gerne ein von dir mitgebrachtes Mehrweg-Gefäß oder eine Edelstahl-Lunchbox. So hilfst du der Umwelt und der Imbissbetreiber spart gleichzeitig Geld.

### Die lieben Tiere

Katzen- und Hundefutter wird oft in vorportionierten Plastikbeuteln verkauft. Dabei erfüllt die Großpackung den gleichen Zweck, das liebe Tier satt zu bekommen und reduziert dabei automatisch die aufkommende Menge Müll. Das Gleiche gilt für Katzenstreu und Leckerlies für zwischendurch. Gerade bei Hunden kann man eine Menge Geld sparen, wenn man beim örtlichen Metzger die Schlachtabfälle erwirbt. Dem Hund schmeckt dieses natürliche Fleisch oft sogar besser als abgepacktes Hundefutter. Zudem lässt sich auch leicht auf Tierspielzeug aus Plastik verzichten. Mit Spielzeug aus Holz, Stoffresten oder Leinen haben die Vierbeiner genauso viel Spaß und du als Halter musst dir keine Sorgen machen, dass dein Liebling versehentlich ein Plastikteilchen abbeißt und verschluckt.

## Verzicht auf Plastik-Deko

Deko-Artikel aus natürlichen Materialien sehen meist nicht nur hübscher aus, sie sind auch wesentlich nachhaltiger und ökologischer als unschöne und wenig robuste Plastik-Deko.

## Schenken ohne schlechtes Gewissen

Schenken bereitet Freude, nicht nur dem Beschenkten, sondern auch dem Schenkenden. Doch besonders zum Geburtstag, zu Weihnachten oder den Ostertagen fällt eine Menge Plastikmüll in Form von Geschenkpapier oder Geschenkfolie an. Dieses nur einmal benutzte und dann weggeworfene Kunststoff-Produkt stellt eine erhebliche Umweltbelastung dar. Auch ohne buntes Geschenkpapier, Klebestreifen und Geschenkfolie lassen sich schöne und kreative Verpackungsideen für Geschenke realisieren.

## Selbst gemachter Bastelkleber

Statt industriellen Bastelkleber mit hohem Kunststoffanteil zu verwenden, kannst du ihn auch selbst aus natürlichen Stoffen herstellen. Dazu benötigst du nur heißes Wasser, Essig, Salz und etwas Stärke. Als Alternative zum Klebeband aus Kunststoff eignet sich auch Papierklebeband.

## Die Natur gibt uns alles, was wir brauchen

Statt bei jedem kleinen Wehwehchen gleich zu Tabletten aus der Plastik-Blisterverpackung zu greifen, können mit natürlichen Wirkstoffen genauso gute Ergebnisse erzielt werden. Dazu gehören verschiedenste pflanzliche Wirkstoffe, die entweder aus Cremes, zur direkten Einnahme oder in Form von Tee aufgenommen werden können und den Körper ohne lästige Nebenwirkungen heilen können.

## Bio-Kaugummis schmecken genauso gut

Auch Kaugummis enthalten einen hohen Kunststoffanteil, weshalb sie auch nur schlecht in der Natur abgebaut werden können. Bio-Kaugummis bilden da die gesündere und ökologisch nachhaltigere Alternative.

**Auf Backpapier kann getrost verzichtet werden**

Handelsübliches Backpapier enthält immer eine dünne Schicht Kunststoff, um die anti-haftende Wirkung zu erzielen. Es gibt jedoch auch Produkte ohne diese Beschichtung, die den gleichen Effekt bewirken. Um unnötigen Müll gänzlich zu vermeiden, ist es noch besser, Backformen zu verwenden. Sie können mit Öl oder Butter eingerieben werden, um die gleiche Wirkung zu haben.

# Richtige Mülltrennung

Neben der Müllvermeidung ist auch die richtige Trennung von Müll ein entscheidender Faktor, um die Umweltbelastung zu reduzieren. Denn nicht nur Plastikmüll kann die Umwelt belasten, auch andere Arten von Müll sollten sauber getrennt werden. Eine effiziente Aufklärung über die richtige Mülltrennung ist deshalb so wichtig, da immer noch rund die Hälfte der ca. 412 Milliarden Tonnen des weggeworfenen Mülls in Deutschland in den falschen Mülltonnen landet. Rund 17 Prozent davon landen auf Deponien und können nicht recycelt oder verbrannt werden. Nur etwa 24 Milliarden Tonnen des Mülls können durch Verbrennung für die Stromerzeugung genutzt werden. Neben dem Plastikmüll ist auch die zunehmende Lebensmittelverschwendung ein Problem. Jeder deutsche Haushalt wirft pro Jahr etwa 82 kg Nahrungsmittel in den Müll. Dennoch können wir in Deutschland froh sein, ein funktionierendes Mülltrennungs- und Recyclingsystem zu haben. Besonders in armen Entwicklungsländern ist das nicht der Fall und der Müll landet einfach in der Natur oder den Weltmeeren. Bereits seit den 1980er Jahren wird in Deutschland der Müll getrennt und recycelt. Das ist besonders wichtig, um die begrenzten Ressourcen unseres Planeten zu schützen und die Natur durch Wiederverwertung von Rohstoffen weniger zu belasten. Damit dies weniger aufwendig ist, sollte Müll bereits beim Wegwerfen ordnungsgemäß getrennt werden. Insbesondere zur Vermeidung des Einbringens gefährlicher Stoffe, beispielsweise aus Batterien oder Medikamenten in die Natur, ist korrekte Mülltrennung enorm wichtig. In Deutschland wird der Müll daher in folgende Kategorien getrennt:

## Papiermüll

Papierabfälle gehören in die blaue Tonne. Sie werden recycelt und beispielsweise als Toilettenpapier wiederverwendet. Inzwischen gibt es in vielen Städten und Gemeinden auch sogenannte „Papierbanken". Hier kannst du dein Altpapier hinbringen und bekommst dafür sogar noch Geld, da Papier ein wichtiger

Rohstoff ist, der gut wiederverwendet werden kann. So tust du nicht nur etwas Gutes für die Umwelt, sondern auch für deinen Geldbeutel.

## Glas

Altglas und Glasflaschen gehören in die aufgestellten Glascontainer. Auch hierbei ist auf die Sortierung nach Weiß-, Braun- und Grünglas zu achten. Das weggeworfene Glas wird recycelt, indem es eingeschmolzen und dann zu neuen Glasprodukten verarbeitet wird.

## Wertstoffe

Die sogenannten Wertstoffe gehören in die gelbe Tonne. Sie können zu einem großen Teil recycelt werden. Was genau in die gelbe Tonne gehört und was nicht, das erfährst du später im Buch genauer.

## Biomüll

Organische Abfälle, also Essensreste und anderer biologisch abbaubarer Müll, gehören in die braune Tonne. Diese Müllsorten können kompostiert und somit in den natürlichen Kreislauf zurückgeführt werden, ohne dabei die Umwelt zu belasten.

## Restmüll

Der Restmüll, auch Hausmüll genannt, wird in der schwarzen Tonne entsorgt. Hierzu gehört alles, was weder kompostiert noch recycelt werden kann. Dieser Müll wird in Müllverbrennungsanlagen verbrannt und erzeugt dadurch Energie.

## Sondermüll

Sondermüll darf nicht verbrannt werden und bedarf einer speziellen Entsorgung. Hierzu gehören beispielsweise Batterien und elektrische Geräte.

Das richtige Sortieren und Trennen des Mülls ist nicht nur wichtig für den Schutz unserer Umwelt und Natur, sondern schont auch gleichzeitig den eigenen Geldbeutel. Denn je weniger Aufwand die Entsorgungsbetriebe für die Nachsortierung des Mülls haben, desto geringer sind die Kosten für die Entsorgung. Bei steigenden Entsorgungskosten geben die Entsorgungsbetriebe diese in Form einer Erhöhung der Gebühren für die Müllabholung direkt an dich als Endverbraucher weiter.

Besonders bei der Entsorgung von Wertstoffen in der gelben Tonne wissen viele nicht genau, was eigentlich reingehört und was nicht. Grundsätzlich kannst du dir merken, dass Verpackungen aus Metall, Verbund- oder Kunststoffen in der gelben Tonne entsorgt werden müssen. Die Verpackungen sollten selbstverständlich leer sein. Dazu gehören beispielsweise Tetrapaks, Duschgelflaschen und Zahnpastatuben, Joghurtbecher, Verpackungsfolien und -netze, Styropor-Verpackungsmaterial, Kronkorken und Konservendosen. Auch beim Glasmüll gilt es, die richtige farbliche Sortierung einzuhalten. Doch allzu oft verzweifeln Menschen vor den Weiß-, Grün- und Braunglas-Containern, wenn sie eine andersfarbige Flasche entsorgen müssen. Das muss nicht sein. Blaue, gelbe, rote oder andersfarbige Altgläser können getrost in den Grünglascontainer wandern. Auf keinen Fall aber in den Weißglas-Container. Dies würde zu Verunreinigungen das Glases führen. Im schlimmsten Fall kann das eingeschmolzene Altglas dann nicht wiederverwendet werden. Die Etiketten von Glasflaschen müssen dabei vorher nicht entfernt werden, da sie im Zuge des Recyclingprozesses sowieso von den Flaschen getrennt werden. Allerdings sollten Verschlüsse, Korken und Deckel gesondert im Haus- oder Wertstoffmüll entsorgt werden. Auch das Recycling von Papier ist von entscheidender Bedeutung, um die natürliche Ressource Holz so weit es geht zu schonen. In die blaue Papiermüll-Tonne gehören daher unter anderem Briefumschläge (ohne Fenster), Pappkartons, Versandfüllmaterial aus Papier oder Pappe, Zeitungen, Dokumente, Geschenkpapier oder Eierkartons. Leider landen auch viele Dinge im Papiermüll, die dort eigentlich nicht hingehören. So müssen beispielsweise Servietten, Küchentücher und Pappteller, sowie Tapetenreste, Kassenzettel und Aufkleber im Restmüll entsorgt werden. Tetrapaks dagegen gehören in die Wertstofftonne. In der Biotonne, die meist braun, mancherorts auch grün ist, werden pflanzliche und tierische Abfälle entsorgt. Dazu gehören beispielsweise Pflanzenreste, Obst- und Gemüseabfälle und Eierschalen. Wichtig ist, dass diese biologisch abbaubaren Stoffe nicht in einer Plastiktüte entsorgt werden. Ein Müllbeutel aus Papier ist hier eine gute Alternative. Wer einen eigenen Garten hat, kann sich die Entsorgungskosten für die Biotonne sparen, indem er einen eigenen Kompost aufstellt. Auch Kaffeefilter, Speisereste und Milchprodukte können im Biomüll entsorgt werden. Zigarettenkippen, Windeln, Hundekot, sowie Papier, Pappe und Metall gehören dagegen nicht in die Biotonne. Im Restmüll landet der Müll, der weder wiederverwertet noch recycelt werden kann. Also all das, was nicht in der gelben, grünen und blauen Tonne, im Glascontainer oder im Sondermüll entsorgt wird.

Dieser Teil des Mülls macht meist den größten Teil des häuslichen Abfalls aus. Hierzu gehören beispielsweise altes Geschirr aus Keramik oder Porzellan, Taschentücher, Windeln, Tampons, alte Spielzeuge, Putzlappen und Ähnliches. Auch Glühbirnen gehören in den Hausmüll, Energiesparlampen dagegen in den Sondermüll. Auch wenn sich der Begriff „Restmüll" so anhört, als könne man alles entsorgen, was in keine andere Tonne gehört, ist dies etwas irreführend. Elektrogeräte, Batterien und CDs oder DVDs gehören beispielsweise in den Sondermüll. Hierzu gehört alles, was schädliche Stoffe enthält. Diese können gesundheitsschädigend, explosiv oder gefährlich für die Umwelt sein. Neben den bereits genannten Produkten gehören auch Leuchtstoffröhren, Säuren, Nagellack und andere Farben und Lacke dazu. Mülltrennung ist also nicht wahnsinnig kompliziert. Wer sich einmal damit beschäftigt hat und weiß, wo was hingehört, dem fällt es leicht, diese Form des Umweltschutzes in seinen Alltag zu integrieren. Wichtig ist daher eine flächendeckende Aufklärung der Bevölkerung zu diesem Thema. Leider wird dieser Punkt in den

Schulen zu wenig angesprochen und gelehrt. Daher bedarf es der Mitwirkung eines jeden Einzelnen, um unseren Planeten durch richtige Mülltrennung sauber zu halten. Scheue dich also nicht davor, auch andere Personen bei einem Fehlverhalten in der Mülltrennung darauf hinzuweisen und denjenigen das Prinzip und den Nutzen der richtigen Mülltrennung für uns alle zu erklären. Noch besser ist es natürlich, schon im Vorfeld die Entstehung von Müll so gut es geht zu vermeiden.

# Zero Waste in der Realität

Ein Leben ganz ohne Müll ist wahrscheinlich nicht möglich, doch es gibt viele Lebensbereiche, in denen man die Entstehung von Müll so gut es geht reduzieren kann. Im folgenden Abschnitt erfährst du, wie das funktionieren kann. Dabei geht es in erster Linie darum, so viel Müll zu vermeiden wie nur möglich, um dadurch so wenig wie möglich Ressourcen und Rohstoffe zu verschwenden. Damit erreicht man die Erhaltung der Natur unseres einzigartigen Planeten auch für zukünftige Generationen. Dabei steht die Wiederverwendung von Dingen und Rohstoffen im Fokus. Heutzutage gibt es bereits eine richtige Bewegung, die nach dem sogenannten „Zero Waste Lifestyle" lebt. Er hat zum Ziel, das eigene Müllaufkommen auf null zu reduzieren. Dass das nicht immer zu hundert Prozent möglich ist, sollte klar sein. Doch vor allem im Bereich der Vermeidung von Plastikmüll ist dies ein guter Ansatz im Kampf gegen die wachsenden Müllberge auf unserem Planeten. Wenn doch Müll entsteht, was nicht immer zu vermeiden ist, wird dieser einem effektiven Recycling-Kreislauf zugeführt, um so weiterhin Ressourcen zu schonen. Der US-amerikanische Autor und engagierte Umweltschützer Paul Hawken sagte dazu einmal: „Die Zukunft gehört denen, die verstehen, dass man mit Weniger Mehr schaffen kann und dabei mitfühlender, wohlhabender, ausdauernder und somit auch intelligenter und wettbewerbsfähiger ist." Wünschenswert wäre es natürlich, wenn alle Menschen auf der Erde ihr Bewusstsein für die Müllvermeidung steigerten. Denn der Schutz unseres Planeten ist eine globale Aufgabe. Jeder Einzelne kann mit einem nachhaltigen Lebensstil dafür sorgen, dass wir Menschen auch in Zukunft die einzigartige Schönheit des Planeten Erde genießen können. Dabei sind nicht nur Privatpersonen, sondern auch die Wirtschaft gefragt. Moderne Unternehmen sollten ihre Prozesse und die produzierten Produkte so weit optimieren, dass Ressourcenverschwendung vermieden werden kann und unnötige Verpackungen überflüssig werden. Das tut nicht nur dem Umweltschutz gut, sondern sorgt auch für Einsparpotenziale bei den Unternehmen.

Doch auch für dich als Privatperson hat eine nachhaltige Lebenseinstellung viele Vorteile. Durch die Vermeidung von Kontakt mit Plastik bist du auch nicht den in den Kunststoffen enthaltenen Schadstoffen ausgesetzt, die unter Umständen gesundheitsschädigend sein können. Besonders die Weichmacher in Kunststoffverpackungen stellen ein hohes Risiko dar, da sie sich herauslösen und somit mit der Nahrung aufgenommen werden können. Das kann zur Entstehung von ernsthaften Erkrankungen wie Diabetes oder Krebs beitragen. Außerdem wird der Hormonhaushalt durch Kunststoffe gestört und kann insbesondere bei Kindern und Jugendlichen zu Entwicklungsstörungen führen. Durch Untersuchungen konnte nachgewiesen werden, dass bereits jeder von uns diese Stoffe mit dem Urin ausscheidet. Das heißt im Umkehrschluss, dass auch im Körper eines jeden Menschen diese Stoffe bereits vorhanden sind. Wer sich also der konsequenten Müllvermeidung verschreibt, der tut auch gleichzeitig etwas für seine Gesundheit. Denn die natürlichen Dinge mit denen man dadurch mehr und mehr in Kontakt kommt, haben im Gegensatz zu Kunststoffen keinen negativen Einfluss auf unsere Gesundheit. Zudem kann durch diesen reduzierten Lebensstil auch eine Menge Geld eingespart werden. Denn durch die Hinterfragung eines jeden Einkaufs überdenkt man seinen eigenen Konsum bewusster und gibt somit weniger Geld für unnötige Produkte aus. Durch die konsequente

Vermeidung von Abfall spart man zudem eine Menge Müllgebühren, da er weniger häufig abgeholt werden muss. Auch beim Trinken kann man Geld sparen. Wenn du den Müll von Plastikflaschen vermeiden willst, kannst du Leitungswasser trinken, um den Körper mit ausreichend Flüssigkeit zu versorgen. In Deutschland ist das unbedenklich, denn Leitungswasser hat bei uns Trinkwasserqualität. Der Vorteil dabei, dass Leitungswasser ist im Schnitt 250-mal günstiger als Wasserflaschen im Supermarkt. Auch durch die Umstellung von Einwegprodukten auf wiederverwendbare Artikel lässt sich langfristig das Portemonnaie schonen. Wer statt Papiertaschentücher, Frischhaltefolie und Ähnlichem die wiederwendbaren Alternativen nutzt, gibt im ersten Moment zwar etwas mehr Geld aus. Durch das nicht notwendige Nachkaufen dieser Verbrauchsmaterialien lässt sich langfristig aber ein nettes Sümmchen einsparen. Zudem sinken automatisch die monatlichen Unterhaltskosten und schonen damit dein Budget. Wer nur besitzt, was er wirklich braucht, kann eine Menge Kosten, beispielsweise für Instandhaltungen, Versicherungen oder andere monatliche Fixkosten einsparen. So bleibt am Ende des Monats mehr Geld übrig, welches sinnvoll eingesetzt werden kann. Zudem ist der Irrglaube, dass nachhaltige Produkte und Artikel mit Bio-Zertifikat immer teurer sind als herkömmliche Vergleichsprodukte, längst widerlegt. Langfristig wird es sogar günstiger, ganz zu schweigen von den Folgekosten, die unserer Gesellschaft noch bevorstehen, um die Müllberge auf den Weltmeeren und den durch einen verschwenderischen Lebensstil verursachten Klimawandel in den Griff zu bekommen. Um diese Veränderung im eigenen Lebensstil hinzubekommen, müssen nur die folgenden Regeln befolgt werden. Am Anfang mag diese Umstellung etwas schwierig wirken, mit der Zeit allerdings wird dir die Einhaltung dieses neuen Lebensstils immer leichter fallen.

### Reduzierung in allen Lebensbereichen

Durch Reduzierung kann nicht nur unnötiger Müll vermieden, sondern auch eine Menge Geld eingespart und sogar kurzfristig verdient werden. Dazu musst du dich nur einmal in deiner

Wohnung umschauen. Welche von den Dingen in deinem Haushalt benötigst du tatsächlich? Und welche stehen schon seit Jahren ungenutzt in Ecken, Schränken oder im Keller? Die ungenutzten Dinge können ganz einfach über Kleinanzeigenportale verkauft oder verschenkt werden. So wird nicht nur der Müll durch Wegschmeißen vermieden, wenn ein anderer diese Dinge noch gut gebrauchen kann, es füllt auch zusätzlich dein Portemonnaie durch den Verkauf der Dinge, die du eh nicht mehr brauchst. Außerdem gibt die Reduzierung des eigenen Besitzes ein gutes Gefühl der Befreiung und macht langfristig glücklicher. Denn schließlich musst du dich dann auch nicht mehr um allzu viele Dinge kümmern. Es muss weniger abgestaubt und aufgeräumt werden. Diese zusätzlich gewonnene Zeit kannst du anderweitig besser nutzen. Die Reduzierung des Besitzes kann man auch als minimalistischen Lebensstil bezeichnen.

Ein klassisches Beispiel für den Beginn der Reduzierung des Besitzes ist der eigene Kleiderschrank. Welche von all den Sachen trägst du wirklich noch? Wahrscheinlich nicht alle. Oft besitzt man Kleidungsstücke, die man niemals wieder anzieht. Daher hat es Sinn, hier mit dem Ausmisten zu beginnen. Andere, besonders bedürftige Menschen, freuen sich immer über eine Kleiderspende. Alternativ können die Klamotten auch in einem Second-Hand-Geschäft verkauft werden und machen so noch anderen Menschen eine Freude. Bei Kleidungsstücken, bei denen du dir nicht sicher bist, ob du sie weggeben willst, gibt es einen einfachen Trick: Drehe die Kleidungsstücke linksrum oder hänge sie linksrum auf den Bügel. Nach einem Jahr schaust du wieder in den Schrank. Die T-Shirts, Hosen, Kleider oder Pullover, die immer falsch herum liegen oder hängen, können definitiv aussortiert werden. Schließlich hast du sie ein ganzes Jahr lang nicht mehr getragen. Auch beim Blick in den Kühlschrank sollte man sein Konsumverhalten überdenken. Wie oft werden in deinem Haushalt Lebensmittel weggeworfen? Vielleicht überdenkst du beim nächsten Einkauf, ob du ein bestimmtes Produkt wirklich benötigst oder zumindest weniger oder eine kleinere

Packungsgröße kaufen könntest, damit nicht unnötig Lebensmittel verschwendet werden müssen. Auch müssen nicht alle Lebensmittel gleich weggeworfen werden, nur weil das Mindesthaltbarkeitsdatum abgelaufen ist. Viele Produkte sind auch danach noch bedenkenlos genießbar.

## Wiederverwendung von genutzten Dingen

Wie bereits angesprochen sind Produkte wie Coffee-to-go-Becher, Einwegrasierer oder andere Artikel mit einem sehr kurzen Lebenszyklus ein echtes Problem für unsere Umwelt. Um möglichst wenig Müll zu verursachen, sollte daher auf solche Produkte verzichtet werden. Das schont natürliche Ressourcen und spart Entsorgungsaufwand. Doch nicht nur die klassischen „bösen" Plastik-Produkte lassen sich durch wiederverwendbare Alternativen ersetzen. So sind beispielsweise auch Teebeutel ein klassisches Wegwerfprodukt. Nach einmaliger Benutzung landen sie im Müll. Alternativ dazu kannst du einen Teefilter, ein Teesieb oder Tee-Ei verwenden. Hier wird loser Tee eingefüllt und dann aufgebrüht. Diese Alternativen lassen sich nach dem Ausspülen ganz einfach mehrfach benutzen.

## Ausleihen statt kaufen

Alle Dinge, die du kaufst, landen früher oder später im Müll. Unsere Gesellschaft hat sich in den letzten Jahren zu einer regelrechten Konsum- und Wegwerfgesellschaft entwickelt. Dabei nutzen wir viele Dinge gar nicht regelmäßig. Sie verstauben dann in den Ecken unseres Kellers. Gerade bei Dingen, die nicht so häufig gebraucht werden, ist es daher sinnvoll, sie nicht selbst zu kaufen, sondern für den einmaligen Gebrauch auszuleihen. Das können beispielsweise Bücher oder Zeitschriften sein, die nach dem Durchlesen wieder zurückgegeben werden. Auch Elektronikgeräte, Werkzeuge oder Sportgeräte können ausgeliehen werden. So werden nicht nur Ressourcen unseres Planeten geschont und Müll vermieden, auch dem eigenen Geldbeutel tust du damit einen Gefallen. Besonders bei Kinder- und Babyartikeln lässt sich vieles untereinander ausleihen. Gerade Kleinkinder wachsen und entwickeln sich so schnell, dass

Spielzeug oft nur für wenige Wochen oder Monate interessant ist. Wenn das eigene Kind also nicht mehr mit dem Playmobilauto spielt, kann es auch einem anderen Kind Freude bereiten.

## Die Macht als Kunde nutzen

Vielen Herstellern ist oft gar nicht bewusst, dass sie bei ihren Produkten auf einen großen Anteil an Plastik verzichten könnten. Findest du bei der nächsten Shoppingtour also ein Produkt, welches du gern kaufen würdest, jedoch aufgrund der unnötigen Plastikverpackung von einem Kauf Abstand nimmst, kann es sinnvoll sein, den Hersteller darauf hinzuweisen. Wenden sich mehrere Menschen mit der Bitte zur Reduzierung des Plastikanteils an die produzierenden Unternehmen, werden sie wahrscheinlich früher oder später reagieren. Denn kein Unternehmen verärgert gerne seine Kunden. Ein gutes Hilfsmittel dazu ist die App „ReplacePlastic", die kostenlos im App-Store oder dem Playstore zu haben ist. Nur durch die Macht der Konsumenten werden die Unternehmen daran arbeiten, ihre Produkte nachhaltiger und damit zukunftsfähig zu gestalten.

## Reparieren statt wegwerfen

Etwas zu reparieren ist ein tolles Gefühl. Das, was eigentlich schon auf dem Müll landen sollte, wieder in Gang zu bekommen, macht glücklich und verleiht Selbstbestätigung. Kaputte Dinge zu reparieren kann dabei helfen, eine Menge Müll zu vermeiden. In unserer heutigen Konsumgesellschaft neigen wir viel zu oft dazu, Gegenstände wegzuschmeißen und neu zu kaufen, wenn sie nicht mehr funktionieren. Das ist einer der Hauptgründe für die immer weiter wachsenden Müllberge auf unserem Planeten. Selbst wenn du es dir selbst nicht zutraust, die kaputte Waschmaschine oder den Fernseher zu reparieren, gibt es sicherlich einen günstigen Techniker in deiner Nähe, der diese Aufgabe übernehmen kann. Oder bitte handwerklich begabte Freunde und Bekannte um Hilfe. Gerade innerhalb der Garantiezeit sollte die Möglichkeit der Reparatur genutzt werden, denn dann ist sie kostenlos. Doch auch danach ist eine Reparatur meist deutlich kostengünstiger als eine Neuanschaffung.

## Kompostieren

Aufgrund der ständigen Verfügbarkeit und einem Überangebot an billigen Nahrungsmitteln landen heutzutage rund 20 bis 30 Prozent der Lebensmittel ungegessen im Müll. Doch das muss nicht sein. Zum einen gilt es, bewusster einzukaufen und wirklich nur die Lebensmittel im Haus zu haben, die man benötigt. Zum anderen können Speisereste auch kompostiert werden. Besonders im eigenen Garten ist es ein Leichtes, einen Komposthaufen anzulegen. So gewinnt man wertvolle Erde und Dünger für die eigenen Pflanzen. Dadurch kann man gleichzeitig den Kauf von teurer und Müll produzierender Blumenerde einsparen. In städtischen Gebieten ist ein Kompost freilich nicht so einfach angelegt. Hier gilt es, auf die bereits angesprochene Mülltrennung zu achten. Speiseabfälle und organischer Müll gehören in die Bio-Tonne, damit sie kompostiert werden können. Doch selbst für Stadtbewohner gibt es bereits eine Alternative. Mit einem Kompost-Eimer kann man sich auch in der Wohnung einen eigenen kleinen Kompost anlegen, der auch keine unangenehmen Gerüche absondert.

## Verzicht auf Einwegprodukte

Wie bereits angesprochen, sind Produkte, die nur einmal benutzt und danach weggeworfen werden, wenig nachhaltig und für einen großen Anteil des entstehenden Mülls verantwortlich. Daher gilt es, diese aus dem Leben zu streichen und stattdessen Mehrweg-Lösungen zu nutzen. Sie reduzieren das Müllaufkommen und sind auf lange Sicht gesehen auch günstiger als das ständige Neukaufen. Dazu gehört auch, die Chancen der voranschreitenden Digitalisierung zu nutzen, um Berge von Papiermüll, besonders in Unternehmen, in der Zukunft zu vermeiden.

## Recyceln

Müll lässt sich nicht immer komplett vermeiden. Daher ist das richtige Recycling der genutzten Produkte wichtig. So können die verwendeten Rohstoffe wieder dem Verwertungskreislauf zugeführt werden und neue Produkte daraus entstehen. Wie genau richtiges Recycling funktioniert, erfährst du im nächsten Kapitel.

## Bewusster Verzicht

Verzicht macht glücklich. Dabei geht es in diesem Sinne nicht darum, als einsamer enthaltsamer Mönch in einem Kloster fernab der Zivilisation zu leben. Es geht vielmehr darum, eine eigene Lebenseinstellung zu finden, in der man auch bewusst „Nein" zu Dingen sagen kann, die man nicht wirklich braucht. Viel zu viele Menschen lassen sich durch clevere Marketing-Maßnahmen und Werbung von der Industrie einreden, was sie alles brauchen. Doch was davon brauchen sie wirklich? Das fängt schon bei kostenlosen Werbegeschenken an. Auch sie tragen zur Steigerung des Müllaufkommens bei. Benötigst du wirklich den 13. Kugelschreiber im Haushalt, nur um ihn in die Schublade mit den anderen ungenutzten Kugelschreibern zu legen? Da viele dazu neigen, insbesondere bei kostenlosen Werbegeschenken erst mal „Ja" zu sagen, wird dadurch indirekt die Nachfrage und letztlich auch die Produktion dieser Billigwaren erhöht und damit unnötig Rohstoffe und Energie verschwendet. Einen Werbeflyer kannst du auch ganz einfach abfotografieren, wenn er dir angeboten wird. So hast du das Angebot immer im Blick, produzierst aber keinen Müll durch das spätere Wegwerfen des Flyers. Ist das Angebot doch nicht interessant für dich, kannst du die digitale Fotografie ganz einfach löschen und produzieren so maximal Datenmüll.

## Ein gutes Miteinander für die Gemeinschaft

Früher, als nicht alles rund um die Uhr im Supermarkt zur Verfügung stand bzw. per Klick bestellbar war, haben wir viel mehr miteinander kommuniziert. Man hat seine Nachbarn nach Eiern und anderen Lebensmittel gefragt. Durch unsere heutige Bequemlichkeit ist diese Kommunikation unter Nachbarn fast vollständig verlorengegangen. Auf Konsum und Müllproduktion bewusst zu verzichten, fördert dieses Miteinander automatisch wieder. Man kommuniziert mehr, leiht sich gegenseitig Dinge oder hilft dem Nachbarn beim Reparieren seines Fahrrads oder Mopeds. So wie es unsere Eltern und Großeltern auch getan haben. Da statistisch gesehen 20 bis 30 Prozent der Lebensmittel ungegessen im Müll landen, ist es sehr wahrscheinlich, dass einer deiner Nachbarn Nahrungsmittel bei sich zu Hause hat, die er sowieso nicht essen wird. Mit vermehrter Kommunikation kann nicht nur das Müllaufkommen reduziert werden, es werden gleichzeitig das soziale Miteinander und das Gemeinschaftsgefühl gestärkt.

Mit der Einführung des Plastiks wurde unser Leben in vielen Punkten vereinfacht, vor allem aber günstiger. Die Nachteile dieser Entwicklung bekommt die Menschheit erst in den letzten Jahren so richtig zu spüren. Bei einigen setzt daher jetzt schon ein Umdenken ein, da sie erkennen, dass es so nicht weitergehen kann. Früher oder später wird es einen starken Umbruch in unser aller Verhalten geben müssen. Dieser wird entweder erzwungen durch die Zerstörung und damit den Zusammenbruch unseres Ökosystems, das unsere Lebensgrundlage bildet. Oder aber wir als Menschen wählen die freiwillige Variante, in der schon heute jeder sein eigenes Verhalten überdenkt und es auf einen Weg der maximalen Müllvermeidung abändert. Als Menschheit sind wir unabdingbar dazu gezwungen, natürlicher und nachhaltiger zu leben. Auch unsere Gesellschaft muss sich dahingehend verändern. Erst wenn derjenige, der ungeschälte Bananen in eine Plastiktüte packt, genauso schief angesehen wird wie derjenige der im Supermarkt klaut, erst dann sind wir auf einem richtigen Weg. Die Zeit der Verschwendung muss endlich vorbei sein. Unser Lebensstil muss sich wieder viel mehr an unsere Natur anpassen und nicht das Gegenteil erzwungen werden. Denn die Natur ist stärker als wir Menschen und sie wird es uns spüren lassen, wenn wir sie weiterhin zumüllen. Dabei ist die Änderung des eigenen Lebensstils hin zu mehr Müllvermeidung ganz einfach und für jedermann umzusetzen. Wir sind es unseren Kindern und Enkelkindern einfach schuldig, dass wir ihnen einen lebenswerten Planeten überlassen.

# Recycling

Das Recycling von Kunststoffen ist enorm wichtig, um das nur begrenzt auf der Erde vorhandene Erdöl effektiv zu nutzen. Da diese Ressourcen eh schon verbraucht wurden, ist es umso sinnvoller, diese wieder in den Wertstoffkreislauf zurückzuführen, um so eine Verschwendung von Ressourcen einzudämmen. Um die Kunststoffe wiederverwerten zu können, ist es wichtig, dass diese in der gelben Tonne entsorgt werden. In der Regel ist für uns damit das Plastik aus den Augen und auch aus dem Sinn. Doch wie funktioniert der Kreislauf des Recyclings eigentlich? Genau das wird im folgenden Abschnitt des Buches erläutert. Beim Thema „Recycling" denken die meisten in erster Linie an den gelben Sack und den grünen Punkt. Das ist grundsätzlich auch richtig, doch was steckt eigentlich dahinter? Die Erfindung des grünen Punkts geht auf die Einführung der Verpackungsverordnung aus dem Jahr 1991 zurück. Durch diese revolutionäre Verordnung wurden erstmals in der Bundesrepublik die Hersteller und auch die Händler dafür verantwortlich gemacht, für die korrekte Verwertung und Entsorgung der Verpackungen ihrer Produkte zu sorgen. Bis dahin wurden auch Plastikabfälle fast ausschließlich auf Mülldeponien entsorgt. Das nahm nicht nur sehr viel Platz in der Natur in Anspruch. Durch die Einwirkung von UV-Licht setzten die Kunststoffe zudem giftige Gase in die Atmosphäre frei. In dem Bestreben, das Aufkommen an Müll und die Anzahl der benötigten Mülldeponien zu verringern, wurde die neue Verpackungsverordnung eingeführt. Bereits kurze Zeit später wurde das duale System eingeführt. Seit diesem Zeitpunkt können Kunststoffe, Verbundstoffe, Weißbleche und Aluminium in der gelben Tonne entsorgt werden. Damit Verbraucher besser erkennen können, welche Stoffe auf diesem Wege entsorgt werden können, wurden die entsprechenden Produkte mit dem grünen Punkt gekennzeichnet. Während für die Entsorgung von Restmüll Gebühren der Entsorgungsunternehmen fällig werden, ist die Abholung von Papiermüll und der gelben Tonne für den Verbraucher kostenlos. Dafür werden die Entgelte den produzierenden Unternehmen in Rechnung gestellt und richten sich nach dem verwendeten Material, der Größe und dem Gewicht der Verpackungen. Dadurch sollen die Hersteller dazu gebracht werden, ihre Verpackungen weiter zu verbessern und ressourcenschonender zu produzieren. Natürlich leiten die Hersteller diese Kosten an die Verbraucher über die Produktpreise weiter. Die Einführung des Recyclingsystems war ein voller Erfolg. Während im Jahr 1991 nur rund drei Prozent der Kunststoffe recycelt wurden, stieg dieser Anteil bis zum Jahr 2014 auf stolze 50 Prozent. Pro Jahr werden über das System des grünen Punkts rund zwei Millionen Tonnen Verpackungsmüll verwertet. Im Gegensatz zu den Kunststoffen, bei denen die Recyclingquote bei rund 50 Prozent liegt, liegt diese bei anderen Stoffen, wie Glas, Aluminium und Papier, bei sogar um die 90 Prozent. Das liegt vor allem daran, dass die Kunststoffprodukte meist zu sehr verunreinigt sind, um sie direkt wiederzuverwerten. Daher landet der Großteil der Kunststoffverpackungen in Müllverbrennungsanlagen und wird energetisch verwertet.

Beim Recycling dagegen werden modernste Anlagen zur Sortierung der einzelnen Kunststoffarten genutzt. Dabei werden unterschiedlichste physikalische Verfahren genutzt. An erster Stelle werden mithilfe einer Siebtrommel die größeren Verpackungsteile von den kleineren getrennt. Folien werden durch einen starken Sauger aus dem Müllberg abgesaugt. Enthaltene Metallteile werden durch einen Magneten herausgefiltert und anschließend zu großen Metallwürfeln gepresst. So können auch diese Wertstoffe wieder dem nutzbaren Rohstoffkreislauf zugeführt werden. Zur Trennung der restlichen Verpackungsmaterialien werden hochmoderne Nah-Infrarot-Trenner verwendet. Diese erkennen die verschiedensten Kunststoffe anhand der Reflektion des jeweiligen Lichtspektrums. So können die einzelnen Kunststoffsorten, wie PE, PP, PS oder PET sortenrein getrennt, recycelt und wiederverwendet werden. Im Gegensatz zu Kunststoffen kann Weißblech fast unendlich und ohne Wertverlust wiederverwendet werden. Die mit dem Magneten ausgesuchten Teile und zu Würfeln gepressten

Materialien werden eingeschmolzen und im Anschluss zu neuen Blechen verarbeitet. Diese können beispielsweise für neue Konservendosen verwendet werden. Kunststoffe dagegen werden nach dem sortenreinen Sortieren von Fremdstoffen gereinigt. Das zurückbleibende Material wird dann zu einem Granulat geschreddert, um daraus neue Plastikprodukte herstellen zu können.

Das Recycling-System, so gut es gedacht ist, sorgt bei vielen für Verwirrung. Viele verbinden mit der gelben Tonne Plastikmüll. Was logisch klingt, entspricht jedoch nicht zu hundert Prozent der Realität. Das alte Plastikspielzeug oder die Zahnbürste dürfen nicht in den gelben Sack, da diese selten den grünen Punkt haben. Den Verbrauchern scheint dies unlogisch, da ein Recycling dieser Kunststoffe eigentlich sinnvoll wäre. Das führt dazu, dass viele den Müll in die falsche Tonne werfen. Als weiteres Problem hat das Recycling-System außerdem damit zu kämpfen, dass in vielen Produkten die Kunststoffe nicht sortenrein verarbeitet wurden und teilweise auch mit anderen Stoffen vermischt wurden. Einige Kritiker behaupten, dass das Recycling-System wenig nachhaltig ist, da es viel Energie benötigt. Sie meinen, es wäre effizienter, den Müll einfach zu verbrennen und daraus Energie zu erzeugen. Mehrere Untersuchungen und Studien zu der Ökobilanz des Recyclings konnten diese These jedoch eindeutig widerlegen. Die Quintessenz aus all diesen Untersuchungen war, dass die energetische Verwertung von Müll, also das Verbrennen zur Energieerzeugung gegenüber dem Aufwand des Recyclings schlechter für die Umwelt und unser Ökosystem ist. Durch die Einführung dieses Systems konnte nicht nur die Menge an Restmüll verringert werden, auch die Anzahl der umweltschädlichen Deponien konnte reduziert werden. Das kommt auch unserem Klima zugute, da weniger schädliche Treibhausgase in die Atmosphäre entweichen können. Auch die Anzahl der Müllverbrennungsanlagen konnte seit der Einführung der Verpackungsverordnung im Jahr 1991 verdoppelt werden. Gegenüber herkömmlichen Mülldeponien haben diese eine wesentlich bessere Ökobilanz, sodass dadurch schätzungsweise pro Jahr rund zwei Tonnen $CO_2$ und andere Treibhausgase eingespart werden können. Die Entwicklung des Recyclings ist also ein positives Beispiel dafür, wie wir Maßnahmen ergreifen und umsetzen können, um unseren Planeten zu schützen. Nichtsdestotrotz ist diese Entwicklung noch lange nicht am Ende und es gibt noch viel zu tun. Dabei ist jeder Einzelne gefragt, nicht nur den entstehenden Müll richtig zu trennen, sondern durch sein eigenes Konsumverhalten und den eigenen Lebensstil dazu beizutragen, gar nicht erst so viel Müll entstehen zu lassen. Denn je weniger Müll entsteht, desto weniger muss logischerweise auch recycelt oder verbrannt werden. Außerdem kann so weniger schädlicher Plastikmüll in unsere Umwelt und die Weltmeere gelangen. Durch diese Verhaltensänderung kannst du selbst einen entscheidenden Beitrag zur Rettung und Bewahrung des einzigartigen Ökosystems auf unserem Planeten beitragen. Schließlich ist dies die einzige Erde, die wir haben und damit unser aller Lebensgrundlage. Daher gilt es, diese Lebensgrundlage auch für die zukünftigen Generationen unserer Kinder und Enkelkinder zu erhalten. Die kommenden Generationen werden es uns danken, wenn wir ihre Welt nicht gänzlich zerstören und uns als Gesellschaft alle gemeinsam darum kümmern, jedem Lebewesen auf der Erde ein müllfreies Leben zu ermöglichen.

# Kapitel 3

## Plastikfreie Rezepturen

# Backofenreiniger

**Du benötigst:**
2 EL Kochsalz
3 EL Wasser
4 EL Natronpulver
eine Schale

**Herstellung:**
Vermische die Zutaten in der Schale. Sind alle Stoffe gut miteinander vermengt, verteile die Paste im Innenraum des Backofens. Anschließend lässt du den Reiniger für ca. eine halbe Stunde einwirken. Mit einem feuchten Tuch kannst du nun die Verschmutzungen aus dem Backofen entfernen.

# Seife

**Du benötigst:**
500 g Kernseife
100 g Kokosöl
etwas Kokosmilch
einen Topf mit Wasser

**Herstellung:**

Raspele die Kernseife mit einer Küchenreibe in kleine Stückchen. Gib die Seifen-Raspeln in das Wasser und lass sie durch Erhitzen schmelzen. Anschließend werden die Kokosmilch und das Kokosöl hinzugegeben. Wenn du ein Peeling-Gefühl bei der Verwendung der Seife haben möchtest, kannst du auch noch grobkörniges Meersalz hinzufügen. Die vermischte Masse kannst du in kleine Förmchen gießen und auskühlen lassen.

# Duschgel

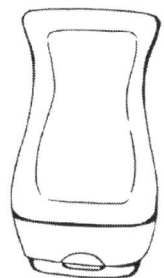

**Du benötigst:**
ca. 100 g Kernseife
800 ml Wasser
etwas Olivenöl
etwas Speisestärke

**Herstellung:**
Die Kernseife wird mit einer Küchenreibe kleingeraspelt und in den Wassertopf geworfen. Erhitze das Wasser und bringe die Seifenraspeln zum Schmelzen. Hast du die Seifenstücke aufgelöst, gibst du das Olivenöl hinzu. Mit der Speisestärke kann das Gel auf die gewünschte Konsistenz gebracht werden.

# Shampoo

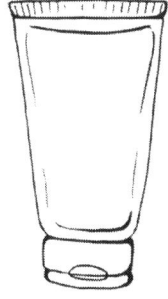

**Du benötigst:**
ca. 30 g Bio-Seife
500 ml destilliertes Wasser
ca. 50 g Lavendelblüten
ca. 50 ml Lavendelöl
einen Topf
eine Glasflasche zu späteren
Einfüllen, am besten mit
Naturkorken

**Herstellung:**
Raspele die Seife in das Wasser und bringe es zum Kochen. Füge anschließend die Lavendelblüten hinzu und lass die Flüssigkeit eine halbe Stunde lang ziehen. Siebe anschließend die Lavendelblüten heraus und gib das Lavendelöl hinzu. Nun kannst du alles in die Glasflasche abfüllen und beim nächsten Haarewaschen verwenden.

# Creme

### Du benötigst:

ca. 30 ml Avocadoöl oder
Kokosöl
ca. 6 g Emulsan
ca. 4 g Bienenwachs
ca. 60 ml destilliertes Wasser
ca. 500 ml Wasser
etwas ätherisches Öl nach
eigenem Geschmack
einen Topf
zwei hitzebeständige Schälchen
einen Pürierstab
ein Küchenthermometer

### Herstellung:

Koche das Wasser im Topf und gib das Bienenwachs hinzu. Lass das Gemisch so lange köcheln, bis der Bienenwachs geschmolzen ist. Anschließend gibst du das Emulsan und das Öl hinzu. Ist alles gut miteinander vermengt, lässt du das Gemisch auf ca. 40 Grad Celsius in einem der Schälchen abkühlen.

Anschließend wird das destillierte Wasser in der anderen Schale ebenfalls auf 40 Grad Celsius erwärmt. Erreichen beide Schalen die gleiche Temperatur, wird der Inhalt der ersten Schale mit dem aus der zweiten Schale mithilfe des Pürierstabs vermengt, bis die Masse eine cremige Konsistenz aufweist. Mit selbst gewählten Duftölen lässt sich der Geruch individuell anpassen. Die selbstgemachte Creme ist im Kühlschrank etwa zwei bis drei Wochen haltbar.

# Spülmittel

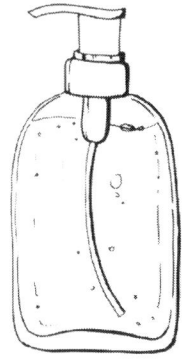

**Du benötigst:**
einen Kochtopf
ca. 50 g Pflanzenseife
4 TL Natron
ätherisches Öl nach deinem
Geschmack
1 L Wasser

**Herstellung:**
Koche das Wasser auf und bringe die pflanzliche Seife durch
Reiben in das Wasser ein. Anschließend streust du das Natron
ebenfalls in das kochende Wasser. Zu guter Letzt folgen die
ätherischen Öle für einen angenehmen Geruch.

# Deo

**Du benötigst:**
4 TL Natronpulver
etwas ätherisches Öl, je
nachdem, welchen
Geruch du wünschst
100 ml abgekochtes Wasser
eine leere Sprühflasche

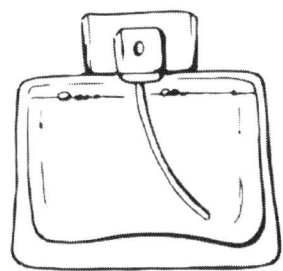

**Herstellung:**
Zur Herstellung des eigenen Deos werden einfach alle Zutaten miteinander vermischt, bis sich eine homogene Flüssigkeit gebildet hat. Nach dem Umfüllen in die Sprühflasche kann das selbstgemachte Deo genutzt werden.

# Zahnpasta

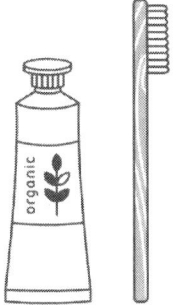

**Du benötigst:**
5 EL Kokosfett
3 EL Natronpulver
etwas Stevia für die Süße
ein paar Tropfen
Pfefferminzöl

**Herstellung:**
Schmilz das Kokosfett ein und gib das Natronpulver hinzu. Sind die beiden Grundstoffe gut miteinander vermengt, kannst du Stevia für einen süßlichen Geschmack hinzufügen. Magst du es lieber kräuterfrisch, nimmst du Pfefferminz- oder ein anderes Kräuteröl. Nach der Vermengung aller Zutaten lässt du die Masse einfach abkühlen und kannst sie für den täglichen Gebrauch in eine Schale umfüllen.

# Eis

Die einfachste Variante, eine sommerliche Erfrischung herzustellen, ist es, einen Joghurt im Glasbehältnis zu öffnen. Einen Stiel, am besten aus Holz, es darf aber auch eine Gabel sein, hineinzustecken und das Ganze über Nacht in den Gefrierschrank zu stellen. Am nächsten Tag kann man sich dann auf die selbstgemachte Abkühlung freuen.

Es geht aber auch etwas professioneller:

**Du benötigst:**
150 g Sahne
150 g Milch
3 Eigelb
65 g Zucker
Zutaten nach Belieben,
wie z. B. frische Früchte,
Vanilleschoten oder
Schokochips

**Herstellung:**
Die Grundzutaten werden zuerst miteinander aufgekocht und dann abgekühlt. Ist die Eismasse wieder abgekühlt, sollte sie kräftig durchgeschlagen werden, um ausreichend Luft für eine schöne Cremigkeit in die Masse zu bekommen. Am besten eignet sich dafür eine Eismaschine. Während dieses Prozesses werden die weiteren Zutaten hinzugegeben. Hierbei kannst du frei wählen, welche Geschmacksrichtung du herstellen willst. Anschließend kann die Masse eingefroren werden.

# Kapitel 4

# 30 Tage Plastikfrei-Challenge

Ein Leben ohne Plastik ist möglich. Genau zu diesem Zweck erfährst du in diesem Kapitel des Buches, wie du innerhalb von 30 Tagen Plastik- und Kunststoff-Produkte gänzlich aus deinem Leben verbannst. Anfangs mag die Umsetzung etwas schwierig wirken, doch mit der Zeit wirst du merken, dass der Verzicht auf Plastik zwar eine Umstellung bedeutet, doch deine eigene Lebensqualität nicht negativ beeinflussen, sogar steigern wird. Am besten suchst du dir schon vor Beginn Verbündete, die mit dir gemeinsam dem Plastik in unserem Leben den Kampf ansagen. So hast du Unterstützung, auch wenn dir die Umsetzung des Plastikfrei-Plans zwischenzeitlich Schwierigkeiten bereiten sollte. Ganz wichtig ist natürlich, sofern du nicht allein lebst, deinen Partner oder die Partnerin sowie am besten die gesamte Familie in dein Vorhaben einzuweihen und auf deine Seite zu bringen. So zieht ihr alle gemeinsam an einem Strang. Das ist nicht nur gut für unsere Umwelt, da automatisch mehr Personen auf Plastik verzichten, sondern wird auch das Gemeinschaftsgefühl innerhalb der Familie stärken, wenn ihr alle zusammen für ein gemeinsames Ziel kämpft. Je größer die Gruppe der Mitakteure ist, umso mehr Spaß wird es machen. Lade auch Freunde, Bekannte und Nachbarn dazu ein, bei dieser Challenge mitzumachen. So steigert sich die gegenseitige Unterstützung und ihr könnt alle gemeinsam einen wichtigen Beitrag zur Erhaltung unseres Planeten leisten. Ihr werdet am Ende alle mächtig stolz auf euch selbst sein, diese Herausforderung angenommen und bewältigt zu haben. Also, sag allen Bescheid und startet gemeinsam die Aktion der „30 Tage Plastikhelden-Challenge". Für das Erfolgserlebnis, das zum Weitermachen motiviert, gibt es jeden Tag eine Tagesaufgabe zum Abhaken. Werde zum Plastikhelden!

Mit dem Hashtag

## *#plastikheld*

kannst du deine Erfolge auf Instagram posten, andere Menschen inspirieren und Ideen von anderen Lesern verfolgen.

# Tag 1: Dein Start zum Plastikhelden

Super! Du hast dich dazu entschieden, die Herausforderung anzunehmen, in 30 Tagen plastikfrei zu werden und damit mit einem neuen Lebensstil einen entscheidenden Beitrag zum Schutz unseres Planeten zu leisten. Damit bist du schon wesentlich weiter als viele andere Menschen auf unserem Planeten, deren Bewusstsein noch nicht so weit reicht, um zu erkennen, dass unser derzeitiges Konsum- und Wegwerfverhalten auf Dauer enormen Schaden in unserem Ökosystem anrichten wird. Daher gilt es, jenes ganzheitlich zu ändern. Der Verzicht auf Plastik in unserem Alltag ist ein wichtiger Schritt dahin. Es reduziert das weltweite Müllaufkommen und verbessert damit den eigenen ökologischen Fußabdruck. Am Anfang der 30-Tage-Plastikhelden-Challenge geht es darum, die richtige Einstellung zu entwickeln. Dabei ist es wichtig, sich selbst klarzumachen, warum du diese Herausforderung angenommen hast und warum du sie auch durchziehen möchtest. Nimm dir dazu am besten einen leeren Zettel und einen Stift. Schreib dann nieder, warum du in Zukunft auf Plastik und Kunststoff-Produkte verzichten möchtest. Was ist dein eigener Beweggrund? Ist es der Schutz der Natur, der Tiere und der Umwelt? Oder ist es einfach der Wille, den eigenen Kindern einen Planeten zu hinterlassen, der ihnen eine genauso gute Lebensgrundlage bietet, wie dir? Oder ist es die Überzeugung, dass die Ressourcen der Erde, wie beispielsweise das zur Kunststoffproduktion benötigte Erdöl, geschützt und bewahrt werden müssen. Was es auch für dich persönlich ist, schreib es auf, und nimm es dir zu Herzen. Unterschreib diesen Zettel persönlich. So gehst du mit dir selbst einen Vertrag ein und wirst dich immer an diese Selbstverpflichtung erinnern. Am besten hängst du diesen Zettel an einen Ort, an dem du ihn tagtäglich sehen und an dein eigenes Versprechen dir selbst gegenüber erinnert wirst. Denn während der nächsten 30 Tage kann es durchaus zu Situationen kommen, in denen du aus reiner Bequemlichkeit und Gewohnheit gerne wieder auf Plastikprodukte zurückgreifen willst. Besonders in diesen Momenten ist es wichtig, sich selbst ins Gedächtnis zu rufen, warum du diese Challenge angenommen habst. Mit der Unterstützung von Familie, Freunden, Bekannten oder Nachbarn, die bei der Challenge mitmachen, überstehst du diese Situationen des Zweifelns noch besser.

**Tagesaufgabe:** Schreib auf einen Zettel, was dein eigener Beweggrund ist, die 30-Tage-Plastikhelden-Challenge zu beginnen. Hefte dir diesen Zettel an eine gut sichtbare Stelle in deine Wohnung.

**Erledigt** ☐

**Ab heute wird verzichtet auf**: Flüssigseife aus dem Seifenspender.

**Alternative:** Seife am Stück, erhältlich in jedem Drogeriemarkt. Lies im Anhang des Buches auch, wie du Seife selbst herstellen kannst. Das ist noch umweltfreundlicher.

# Tag 2: Das heldenhafte Plastik-Tagebuch

Um die nächsten 30 Tage effektiv zu gestalten, empfiehlt es sich, ein Plastiktagebuch zu führen. Mit diesem Hilfsmittel kommst du der Nutzung von Plastik im eigenen Leben schneller auf die Spur und kannst dadurch schneller alternative Lösungen entwickeln, um den Gebrauch von Kunststoffgegenständen einzudämmen. Denn oftmals ist uns gar nicht bewusst, an welchen Stellen wir überall Plastik nutzen. In vielen Situationen nutzen wir Plastik schon ganz selbstverständlich und unbewusst. Ohne darüber nachzudenken, welchen Schaden wir damit indirekt in unserer Umwelt anrichten. Mithilfe eines Plastiktagebuchs kannst du auch diese „versteckten" Plastiknutzungen sichtbar machen und so ganzheitlich den eigenen Lebensstil in Richtung einer plastikfreien Existenz verändern. Es erleichtert außerdem das Auffinden der eigentlichen Quellen des Plastiks, über die es in unserem Leben Einzug erhält. So lässt sich anschließend im zweiten Schritt auch leichter darüber nachdenken, wo die Nutzung von Plastik vermeidbar ist, an welchen Stellen die Nutzung von Kunststoff besonders schädlich ist und welche Alternativen es gibt. Schreib also jeden Tag auf, wann, in welchen Situationen und welche Art von Plastik-Gegenstand du nutzt. Besonders zu Beginn werden dabei sicherlich sehr viele Einträge über den Tag verteilt zusammenkommen. Das Ziel der 30-Tage-Plastikhelden-Challenge ist natürlich, im Laufe der nächsten 30 Tage immer weniger Einträge in das Plastiktagebuch vornehmen zu müssen. Schreib wirklich alle Begegnungen mit Plastik auf. Das beginnt schon am Morgen nach dem Aufstehen. Egal ob es die Zahnbürste aus Kunststoff, die Verpackung der Zahnpasta oder die Kaffeemaschine aus Kunststoff ist – Plastik hat unseren Alltag fest im Griff. Über den ganzen Tag verteilt nutzen wir so viel Plastikgegenstände, ohne uns darüber Gedanken zu machen. Anhand des Plastiktagebuches wird erst sichtbar, welches Ausmaß unser täglicher Plastik-Konsum bereits angenommen hat. Du findest im Anhang dieses Buches eine Vorlage für dein persönliches Plastiktagebuch.

**Tagesaufgabe:** Leg dir ein Plastiktagebuch an. Im Anhang des Buches findest du ein Muster dazu.

**Erledigt** ☐

**Ab heute wird verzichtet auf**: Rasierer aus Plastik.

**Alternative:** ein hochwertiger Rasierer aus Holz und / oder Metall. Er ist in der Anschaffung zwar etwas teurer, langfristig aber spart man Geld und hilft gleichzeitig der Umwelt.

# Tag 3: Die heldenhafte Plastik-Matrix

Das Plastiktagebuch bildet die Grundlage, um herauszufinden wo der Plastikkonsum am besten eingeschränkt werden kann. Um dieses möglichst effektiv zu gestalten, und damit den schnellst- und größtmöglichen Effekt für die Umwelt zu erzielen, bietet sich die Erstellung einer Plastikmatrix an. Hiermit lassen sich am besten die größtmöglichen und sinnvollsten Einsparpotenziale ermitteln. Im Anhang dieses Buches findest du eine Vorlage, wie so eine Plastikmatrix aussehen könnte. Mithilfe der Plastikmatrix lassen sich die Gegenstände anhand des Schadpotenzials, das von ihnen ausgeht, vergleichen. Zudem kannst du abschätzen und in der Matrix eintragen, wie leicht sich ein Gegenstand durch eine umweltfreundliche Alternative ersetzen lässt. Natürlich sind diese Eintragungen immer nur eine subjektive Sichtweise, mit gesundem Menschenverstand, dem Wissen aus diesem Buch und gegebenenfalls etwas eigener Recherche sollte dir die Einschätzung jedoch nicht allzu schwerfallen. Mit der Schädlichkeit ist hier vor allem gemeint, wie viel Gefahr von dem Plastikgegenstand für die Umwelt und die Gesundheit ausgeht. Dabei sind aber auch die durchschnittliche Nutzungsdauer entscheidend sowie der Nutzwert des Gegenstandes. Zur besseren Einschätzung ein kleines Beispiel: Eine Plastiktüte hat in der Regel eine sehr geringe Nutzungsdauer. Diese beträgt durchschnittlich nur gerade einmal 20 Minuten. Oft wird sie nur einmal gebraucht und danach weggeworfen. Die Schutzhülle eines Smartphones hingegen ist lange Zeit in Benutzung und bietet auch einen hohen Nutzwert, da sie das teure Gerät vor Schäden schützt. Daher lohnt es sich, insbesondere bei Gegenständen mit geringem Nutzwert und einer kurzen Lebensdauer über Alternativen nachzudenken. Doch auch beim Beispiel der Smartphone-Hülle gibt es heutzutage schon Alternativen, die aus Holz oder Leder gefertigt werden. Wie schnell und einfach ein Plastikgegenstand aus deinem Leben verschwinden kann, ist natürlich abhängig davon, wie groß die Verfügbarkeit der jeweiligen Alternativen ist. Mithilfe der Plastikmatrix lässt sich das Verhältnis von Schädlichkeit und

Ersetzbarkeit am einfachsten visualisieren, um daraus Handlungen ableiten zu können. Daher sollten die Gegenstände, die im Plastiktagebuch eingetragen worden sind, auch mit ihrer jeweiligen Position in der Plastikmatrix eingetragen werden. Dabei fällt die Analyse der Verfügbarkeit von Alternativen meist sehr viel subjektiver aus als die Bestimmung des Schadpotenzials, das sich in der Regel an objektiven Kriterien festmachen lässt. Ist keine plastikfreie Alternative zu finden, sollte auch darüber nachgedacht werden, ob der Verzicht auf den jeweiligen Gegenstand die zukünftige Alternative ist.

**Tagesaufgabe:** Mach dich mit der Plastik-Matrix vertraut. Ordne die Gegenstände aus deinem Plastiktagebuch in die Plastik-Matrix ein, um deren Schadpotenzial und Ersetzbarkeit einzuordnen.

**Erledigt** ☐

**Ab heute wird verzichtet auf**: Einweg-Papiertaschentücher.

**Alternative:** hochwertige Stofftaschentücher. Falls du dich jetzt fragst, wo man diese herbekommt, sie sind ganz einfach über das Internet bestellbar. Auch wenn Papiertaschentücher biologisch abbaubar sind, werden sie immer in einer Plastik-Verpackung eingeschweißt. Stofftaschentücher sind dagegen auswaschbar und somit auch wiederverwendbar.

# Tag 4: Plastik ist überall

Ist die Plastikmatrix fertig und möglichst alle Gegenstände eingetragen, kann es mit dem Verzicht auf Kunststoffe auch schon losgehen. Erst wenn du dir deinen eigenen Plastikkonsum durch Aufschreiben im Plastiktagebuch und durch Visualisierung in der Plastikmatrix vor Augen geführt hast, wirst du erkennen, dass Kunststoffe so ziemlich jeden Lebensbereich tangieren. Umso wichtiger ist es, den aktiven Plastikverzicht voranzutreiben. Schnelle Erfolge wirken dabei immer motivierend. Daher sollte mit den einfachen Dingen begonnen werden. Diese sind in erster Linie die Gegenstände, die du selbst als leicht ersetzbar ansiehst. Sie befinden sich also in der oberen Hälfte der Plastikmatrix. Leicht ersetzbare Dinge sind meist Gegenstände, für die man schnell auch auf plastikfreie Alternativen zurückgreifen oder auf die gänzlich verzichtet werden kann. Ein Beispiel dafür sind die kleinen Plastik-Tüten, die es an den Obstregalen der Supermärkte gibt. Wozu müssen Früchte, die eine eigene Schale haben und daher auf natürliche Weise gegen äußere Einflüsse geschützt sind, zusätzlich in Plastik eingepackt werden? Auf diesen Plastikmüll kann getrost verzichtet werden. Wer trotzdem die Ordnung und den Überblick im Einkaufswagen aufgrund herumrollender Äpfel und Kiwis nicht verlieren möchte, der kann wiederverwendbare Stoff-Netze oder -Beutel nutzen. Den bestmöglichen Effekt für unsere Umwelt erreichst du natürlich mit dem Ersetzen der Dinge, die sich in der rechten Hälfte der Matrix befinden, also ein hohes Potenzial an Schädlichkeit aufweisen. Diese zu ersetzen, bringt einen wirklich großen Beitrag zum Umweltschutz. Daher ist es lohnenswert, mit den Dingen zu beginnen, die im oberen rechten Quadranten der Matrix zu finden sind. Sie lassen sich leicht ersetzen bzw. darauf verzichten, gleichzeitig aber haben sie eine große Wirkung für die Natur. So stellen sich schnell die ersten Erfolgserlebnisse bei dir ein, die dich ermutigen werden, den eingeschlagenen Weg fortzuführen.

**Tagesaufgabe:** Versuche, die ersten Dinge aus deiner Plastikmatrix zu ersetzen. Fang ruhig mit dem am leichtesten zu ersetzenden Gegenstand an. Von nun an wird es deine tägliche Aufgabe sein, jeden Tag auf einen Plastikgegenstand mehr zu verzichten.

**Erledigt**

**Ab heute wird verzichtet auf:** Einwegwindeln.

**Alternative:** Stoffwindeln können durch gründliches Auswaschen wiederverwendet werden. So wird der enorme Plastikmüll vermieden, den selbst schon ein Kleinkind unwissentlich produziert. Denn herkömmliche Einwegwindeln bestehen zu rund 70 % aus Kunststoffen.

# Tag 5: Entkomme dem Plastik

Während der ersten Tage des Bewusstmachens des eigenen Plastikkonsums wirst du schon merken, wie sehr Kunststoffe unser modernes Leben bestimmen. Gerade in der Anfangszeit wird es dich übermannen und du wirst versuchen, so schnell wie möglich alles Plastik aus deinem Leben zu verbannen. Das ist grundsätzlich auch gut so, schließlich ist es ja das Ziel der „Plastikfrei-in-30-Tagen-Challenge", ein Leben ohne Plastik zu führen. Doch verfalle dabei bitte nicht in blinden Aktionismus. Der Umwelt ist auch nicht geholfen, wenn du sofort alle Plastikgegenstände aus Ihrem Haushalt wegwirfst und durch den Kauf neuer plastikfreier Alternativen ersetzt. Denn solange Dinge noch funktionieren, sollten sie nicht weggeworfen werden. Das spart zusätzlich Ressourcen und Müllaufkommen. Doch ist es Zeit für Neuanschaffungen, solltest du selbstverständlich darauf achten, möglichst plastikfreie Gegenstände zu kaufen. Viele Alternativen für Produkte und Waren des täglichen Bedarfs hast du in diesem Buch bereits kennengelernt. Planst du den Kauf eines Produkts, was du bisher immer mit Plastik gekauft hast, dann nimm es auch in deine persönliche Plastikmatrix auf. So kannst du auf einen Blick sehen, wie schädlich die Verwendung dieses Produkts für die Umwelt ist und wie leicht es sich ersetzen lässt. Sicher fallen dir zu fast allen Artikeln alternative Produkte ein, die auf die Verwendung von Plastik verzichten. Das Internet bietet hier eine gute Hilfestellung, um gute und nachhaltige Produkte zu finden, entweder in den am Ende dieses Buches vorgestellten Onlineshops, die bewusst auf plastikfreie Produkte setzen, oder durch weiterführende Selbstrecherche. Unter dem Begriff „Zero Waste" hat sich bereits heute eine gute Gemeinschaft interessierter Menschen gefunden, die dem enormen Müllaufkommen auf unserem Planeten den Kampf angesagt hat. In Online-Blogs und -Foren zu diesem Thema kannst du Gleichgesinnte finden und euch gegenseitig mit Tipps und Tricks inspirieren. So findest du auch leicht weitere Mitstreiter für deine persönliche 30-Tage-Plastikhelden-Challenge.

**Tagesaufgabe:** Entferne einen weiteren Gegenstand aus Plastik aus deinem Leben.

**Erledigt** ☐

**Ab heute wird verzichtet auf:** herkömmliche Plastikzahnbürste.

**Alternative:** Dass Zähneputzen wichtig ist, weiß jedes Kind. Doch so gut wir auch putzen, durch das Putzen nehmen wir immer gleichzeitig Schadstoffe in unserem Mund auf. Zumindest wenn herkömmliche Zahnbürsten aus Kunststoff verwendet werden. Die Alternative dazu sind Zahnbürsten aus Holz, beispielsweise aus Bambus. Selbst die Bürsten sind bei diesen Modellen biologisch abbaubar, da sie aus einem natürlichen Material bestehen.

# Tag 6: Kleinvieh macht auch Mist

Beim täglichen Blick in dein persönliches Plastiktagebuch wird dir sehr schnell auffallen, dass Plastik fast unser gesamtes Leben beherrscht. Dabei kann schnell das Gefühl aufkommen, dass die Challenge vielleicht sinnlos ist, da man dieser Übermacht nicht Herr werden kann. Denk in solchen Momenten immer daran, warum du diese Herausforderung angenommen und begonnen hast. Dabei behilflich ist das Blatt Papier, das hoffentlich seit dem ersten Tag an deinem Kühlschrank oder einem anderen gut sichtbaren Ort in deiner Wohnung hängt. Lies ihn dir noch einmal durch, um zu verinnerlichen, was du mit Bestehen der Challenge erreichen willst. Das wird dir neuen Mut geben, um auch in Momenten des Zweifels nicht aufzugeben, auch wenn andere dich vielleicht komisch anschauen, wenn du in den letzten Tagen ganz alltägliche Dinge aus Plastik vermeidest. Erinnere dich daran, dass es genau diejenigen sind, die mit dafür verantwortlich sind, dass unsere Gesellschaft mit genau dem Plastik- und Müllproblem zu kämpfen hat, gegen das du vorgehen willst. Sei ein mutiger Vorreiter auf dem Weg in eine plastikfreie Welt. Neben deinem Plastiktagebuch kannst du deine Erfolge auch auf Plattformen der Social-Media-Dienste veröffentlichen. Dadurch inspirierst du wahrscheinlich sogar noch andere Menschen aus deinem Umfeld, sich wenigstens für dieses Thema zu interessieren, vielleicht sogar mitzumachen und dich in deinem Vorhaben, plastikfrei zu werden, unterstützen. Denn je mehr mitmachen, desto mehr wird der Umwelt geholfen. So besiegst du auch schnell selbst die eventuell aufkommende Ohnmacht und Bereitschaft zur Kapitulation vor den immensen Plastikmassen. Zusammen lässt sich eben mehr erreichen, das gilt in allen Bereichen des Lebens. So ist es auch bei deiner persönlichen Herausforderung, ein plastikfreies Leben führen zu wollen. Durch die ersten Erfolge beim Ersetzen von Plastikprodukten in deinem Leben merkst du, wie einfach es sein kann, auf Kunststoffprodukte zu verzichten und dass dies keine Einschränkung der Lebensqualität bedeuten muss.

**Tagesaufgabe:** Verzichte auf einen weiteren Plastikgegenstand im täglichen Gebrauch. Du wirst sehen, wie gut sich das anfühlt.

**Erledigt** ☐

**Ab heute wird verzichtet auf**: Wattestäbchen.

**Alternative:** Wattestäbchen sind aus keinem Haushalt wegzudenken. Allerdings bestehen auch diese kleinen Alltagshelfer aus Plastik und werden nach einmaliger Benutzung einfach in den Müll geworfen. Doch es gibt auch Wattestäbchen aus Bambus und Baumwolle. Sie werden zwar auch nur einmalig genutzt, sind aber wesentlich umweltfreundlicher in der Entsorgung.

# Tag 7: Plastikfreier Wocheneinkauf

Die erste Woche hast du hinter dich gebracht. Jetzt geht es daran, die nächste Woche vorzubereiten. Während du in der ersten Woche deiner persönlichen „Plastikfrei-in-30-Tagen-Challenge" noch mit Produkten aus dem vorwöchentlichen Einkauf in Berührung kamst, gilt es nun, auch den Einkauf möglichst plastikfrei zu gestalten. Das geht am besten in sogenannten „Unverpackt-Läden". Diese bieten die Waren lose an. Du kannst dir dort sämtliche benötigten Dinge in der gewünschten Menge in Mehrwegbehältnisse abfüllen. Im nächsten Abschnitt erfährst du mehr dazu, wie du plastikfrei einkaufen kannst. Außerdem findest du im Anhang dieses Buches eine (sicher nicht vollständige) Auflistung der Läden, in denen schon heute plastikfreies Einkaufen möglich ist. Sicherlich ist auch einer in deiner Nähe dabei. Um den Einkauf vorzubereiten, schreibst du einfach eine ganz gewöhnliche Einkaufsliste mit den Dingen, die du benötigst. Ist diese Liste fertig, schaust du dir die Produkte darauf genau an. Welche Artikel hast du bisher immer in Plastikverpackungen oder mit Kunststoffen im Material gekauft? Welche Alternativen gibt es für diese Artikel? Falls es keine plastikfreie Alternative gibt, kannst du gänzlich auf diesen Artikel verzichten oder ihn vielleicht selbst machen? Schreib die jeweiligen plastikfreien Pendants zu den für den Wocheneinkauf benötigten Produkte auf eine neue Liste. Am besten informierst du dich im Internet auf der Website des nächstgelegenen Unverpackt-Ladens, ob dieser auch alle benötigten Artikel im Sortiment führt. Ist es nicht möglich, diese Produkte im stationären Handel zu erwerben, dann schau dich bei einem der zahlreichen plastikfreien Onlinehändler um. Welche es gibt und was sie ausmacht, erfährst du im nächsten Abschnitt des Buches. Vielleicht findest du sogar einen Onlinehändler, der alle deine benötigten Produkte im Sortiment führt. So musst du zum Einkaufen nicht mal das Haus verlassen. Wenn du sonst den Wocheneinkauf mit dem Auto erledigst, sparst du dadurch sogar noch klimaschädliches $CO_2$ ein und hilfst der Umwelt damit doppelt.

**Tagesaufgabe:** Vermeide so viel Plastik wie möglich bei deinem Wocheneinkauf.

**Erledigt** ☐

**Ab heute wird verzichtet auf**: Körperpflegeprodukte, die Mikroplastik enthalten.

**Alternative:** Gerade am Tag des Einkaufs ist es wichtig, dass du dir nicht wieder neues Plastik ins Haus holst. Dazu liest du die Inhaltstoff-Angaben auf den Produkten, die in deinem Einkaufswagen landen, ganz genau. Folgende Stoffe weisen auf Mikroplastik hin und sollten daher vermieden werden: Polyethylenterephthalat (PET), Polypropylen (PP), Polyethylen (PE) und Polyamid (PA). Es gibt aber auch zahlreiche plastikfreie Naturkosmetika. Achte daher beim Einkauf besonders darauf. Als andere Alternative könntest du die benötigten Dinge auch selbst herstellen. Im Anhang des Buches findest du dazu entsprechende Rezepte.

## Tag 8: Wochenfazit

Die erste Woche deines Selbstexperiments ist nun überstanden. Es ist Zeit, ein erstes Fazit zu ziehen. Nimm dir dafür ruhig eine leere Seite in deinem heldenhaften Plastiktagebuch zur Hand. Notiere für dich selbst, wie du die ersten sieben Tage deiner persönlichen „Plastikfrei-in-30-Tagen-Challenge" erlebt hast. Welche Emotionen haben dich geprägt? Wie hat es sich angefühlt, gewohnte Verhaltensweisen aufzubrechen und ganz bewusst einen neuen Lebensstil anzusteuern? In welchen Lebensbereichen ist dir der Verzicht auf Plastik leichtgefallen? Und in welchen nicht? Wo siehst du die größten Herausforderungen für die kommenden Wochen? All das sind Fragen, die dich sicherlich im Rahmen des ersten Wochenabschlusses beschäftigen. Schreib sie und deine persönlichen Antworten dazu nieder. Das wird dir dabei helfen, die Erfahrungen der ersten plastikfreien Woche zu rekapitulieren und dich auf die kommenden Tage und Wochen vorzubereiten. Wenn du die Challenge zusammen mit deinem Partner / der Partnerin, der gesamten Familie oder Freunden und Bekannten durchführst, dann setz dich mit ihnen zusammen und besprich deine jeweiligen Gedanken zu der ersten Wochenauswertung. Welche Erfahrungen haben deine Mitstreiter gemacht? Wo könnt ihr euch gegenseitig unterstützen? Welche Tipps und alternative Lösungen haben andere gemacht, die du für sich nutzen kannst? Und welche Tipps kannst du an deine Verbündeten weitergeben? Ein reger Austausch ist wichtig und fördert die Gemeinschaft. So kommt erst gar nicht das Gefühl auf, gegen das übermächtig erscheinende Plastik allein zu sein. Zudem könnt ihr euch gegenseitig Mut geben, weiterhin an eurem gemeinsam erklärten Ziel eines plastikfreien Lebens festzuhalten. Der gemeinsame Kampf gegen das Plastik macht Spaß und fördert zudem die Kreativität. Zudem wirst du ein schönes Gefühl des innerlichen Erfolgs erleben, wenn du dir bewusst machst, was du alles bereits innerhalb weniger Tage erreicht hast. Die erste Woche war dabei nur der Anfang, auf den noch weitere tolle Erlebnisse und kreative Ideen folgen werden.

**Tagesaufgabe:** Schreib deine positiven Erlebnisse aus der ersten Woche auf und tausche dich mit deinen Mitstreitern über Instagram darüber aus.

**Erledigt** ☐

**Ab heute wird verzichtet auf:** die beliebte Tupper-Brotdose.

**Alternative:** Auch Schraubgläser oder Metallboxen erfüllen den gleichen Zweck wie eine Brotdose aus Plastik. Zudem hast du noch den Vorteil, dass sich aus dem Kunststoff keine gesundheitsschädlichen Stoffe lösen und mit dem Essen vermischen können.

# Tag 9: Der Start in Woche zwei

Im Rückblick der ersten plastikfreien Woche hast du festgestellt, welche Lebensbereiche bereits gut vom Einfluss des Plastiks befreit werden konnten und wo es noch zu lösende Herausforderungen gibt. Diese gilt es nun im Zuge der zweiten Woche anzugehen. Während du dich zu Beginn deiner Challenge wahrscheinlich in erster Linie auf den oberen Bereich deiner Plastikmatrix konzentriert hast, also die Gegenstände aus deinem Leben verbannt hast, für die sich schnelle und einfach verfügbare Alternativen haben finden lassen, geht es nun auch darum, sich den Artikeln zu widmen, die weniger leicht ersetzbar erscheinen. Für die Produkte, für die sich keine Alternativen finden lassen, kannst du überlegen, ob du sie nicht selbst herstellen kannst. Das fördert die Kreativität, gibt dir das gute Gefühl, etwas erreicht zu haben und spart gleichzeitig eine Menge Geld. Liste am besten die Dinge auf, die bisher noch nicht ersetzt werden konnten. Dann kannst du systematisch, unter anderem im Internet, nach möglichen Alternativen suchen oder Rezepte und Anleitungen finden, die eine eigene Herstellung vieler Dinge ermöglichen. Sicherlich wird sich nicht zu allem ein entsprechendes Pendant finden, bei dem auf den Einsatz von Kunststoffen verzichtet wird. Doch ein Großteil des Plastikkonsums kann damit eingedämmt werden.

**Tagesaufgabe:** Streiche einen weiteren Gegenstand aus Kunststoffen aus deinem Leben. Mit der gesammelten Erfahrung kannst du dich nun auch den weniger leicht ersetzbaren Gegenständen widmen. Widme dich diese Woche insbesondere den Gegenständen, die einen großen Schaden für die Umwelt anrichten und suche nach echten Alternativen für diese Gegenstände.

**Erledigt** ☐

**Ab heute wird verzichtet auf**: Coffee-to-go-Becher.

**Alternative:** Leg dir einen eigenen Thermobecher zu und nimm ihn auf deinen täglichen Wegen mit. Viele Geschäfte haben sich bereits daran gewöhnt, immer mehr Kunden die Getränke in selbst mitgebrachte Gefäße zu füllen. So spart auch der Shopbetreiber Geld und die Umwelt wird weniger belastet. Einige Café- und Bäckereiketten bieten sogar eigene wiederverwendbare Thermobecher an und geben auf deren Nutzung sogar einen Rabatt. So kannst du mit umweltbewusstem Handeln sogar noch Geld sparen.

## Tag 10: Kinder sind Plastikhelden

Besonders, wenn du Kinder hast, kann die „Plastikfrei-in-30-Tagen-Challenge" anstrengend werden. Wie erklärst du den Kleinen, dass sie das neue Spielzeug nicht haben können, weil es aus Plastik gefertigt ist? Besonders die ganz Kleinen verstehen das noch nicht. Mit größeren Kindern solltest du dich aber zusammensetzen und ihnen erklären, warum es wichtig ist, den Konsum von Plastik und Kunststoffen einzudämmen. Zeig ihnen dazu ruhig Bilder von Plastikmüll in unserer Umwelt und den Weltmeeren. Auch Kinder werden verstehen, dass übermäßiger Plastikkonsum unserem Planeten nicht guttut. Doch auch für die Kleinsten gibt es zahlreiche Alternativen. Statt der Playmobil-Eisenbahn kann es auch eine aus nachhaltig angebautem Holz und natürlichen Farben sein. Das schont nicht nur die Umwelt, sondern verhindert gleichzeitig, dass die Lieblinge den im Kunststoff enthaltenen giftigen Stoffen ausgesetzt werden. Diese können unter Umständen ernsthafte Konsequenzen für deren Gesundheit und Entwicklung haben. Daher tut euren Kindern den Gefallen und verzichtet auch beim Neukauf von Spielzeug auf Kunststoffe. Früher oder später werden sie es verstehen und euch dankbar sein.

**Tagesaufgabe:** Suche das Gespräch mit deinen Kindern. Gerade dem größeren Nachwuchs kann man einleuchtend anhand von Bildern die Umweltverschmutzung durch Plastik erklären und warum es wichtig ist, die Nutzung von Kunststoffen einzuschränken. Erkläre ihnen auch, dass es ihre zukünftige Welt ist, die du damit bewahren willst. Du wirst sehen, dass sie Einsicht zeigen und dich dabei unterstützen werden, eine plastikfreie Familie zu werden.

**Erledigt** ☐

**Ab heute wird verzichtet auf**: Plastikspielzeug.

**Alternative:** Keine Sorge, du sollst deinen Kindern nicht das heißgeliebte Lego wegnehmen. Dann wären sie sicherlich nicht sehr einfach auf deine Seite zu bekommen. Wichtig ist aber, dass bei der Neuanschaffung von Spielzeug nach Möglichkeit auf Plastik verzichtet wird. Schönes und kindgerechtes Spielzeug gibt es auch aus Holz. Auch damit werden deine Kinder viel Spaß haben.

# Tag 11: Plastik ist überflüssig

Auch vor der Erfindung von Plastik haben Menschen überlebt. Heutzutage kann man sich das schwer vorstellen, aber es gab eine Zeit, in der Kunststoffe noch nicht massenhaft produziert und in allen möglichen Produkten verwendet wurden. Wenn du bei manchen Produkten ratlos bist, wie du sie mit plastikfreien Produkten ersetzen kannst, dann frag deine Eltern oder Großeltern. Sie kennen sicherlich noch Alternativen und können sich daran erinnern, was sie für Gegenstände genutzt haben, bevor die industrielle Plastik-Überschwemmung stattgefunden hat.

**Tagesaufgabe:** Suche das Gespräch mit deinen Eltern oder Großeltern. Sie kennen noch eine Welt ohne so viel Kunststoff. Frag nach, wie das Leben ohne die Plastik-Flut war und erörtere, welche Produkte stattdessen genutzt wurden. Überlege dir, welche dieser Plastik-Alternativen auch in dein Leben passen könnten und nutze sie in der Zukunft. Du wirst auf ganz neue Ideen kommen, die du bisher bei der Suche nach Alternativen noch gar nicht berücksichtig hast.

**Erledigt** ☐

**Ab heute wird verzichtet auf**: Alufolie.

**Alternative:** Du kannst dein Essen für den Transport auch in wiederverwendbare Tücher wickeln, die mit Bienenwachs, natürlichem Harz und Jojobaöl den gleichen Effekt erzielen. Sie sind auch abwaschbar und können daher mehrfach verwendet werden.

# Tag 12: Unverzichtbares Plastik

30-Tage-Plastikhelden-Challenge – es klingt fast zu schön, um wahr zu sein. Tatsächlich ist das nicht immer möglich. Bist du beispielsweise auf die Nutzung des Autos oder Bus und Bahn angewiesen, um zur Arbeit zu gelangen, wirst du nicht drum herum kommen, Kunststoffe für dein tägliches Dasein zu nutzen. Der Umwelt ist aber auch schon sehr geholfen, wenn du sie, da wo es geht, ersetzt und die Nutzung so weit wie möglich einschränkst. Selbst wenn du ökologisch korrekt den Arbeitsweg mit dem Fahrrad bestreitest, wirst an ihm Kunststoffteile entdecken. Auch im Haushalt lässt sich Plastik nicht vollständig verbannen. Niemand erwartet von dir, den Kühlschrank, den Herd oder den Staubsauger nicht mehr zu nutzen. Diese bittere Erkenntnis ist wichtig, damit du am Ende nicht das Gefühl hast, in deinem Plastikfrei-Vorhaben gescheitert zu sein. Die genannten Dinge sind in unserem modernen Leben schwer oder gar nicht ersetzbar. Dafür haben sie aber einen sehr langen Produktlebenszyklus, was die Umweltschädlichkeit insgesamt reduziert. Mit diesem Wissen kannst du einige Gegenstände beruhigt weiter nutzen.

**Tagesaufgabe:** Schreib die Gegenstände auf, auf die du nicht verzichten kannst, obwohl sie aus Kunststoffen hergestellt sind. Beispiele dafür sind Kühlschränke oder der Staubsauger. Nimm diese Gegenstände in deiner Plastik-Matrix auf und erörtere, welche Nutzungsdauer diese Gegenstände haben und wie schädlich sie tatsächlich für die Umwelt sind. Die tatsächlich unverzichtbaren Plastikgegenstände haben meist den Vorteil, dass sie lange Zeit genutzt werden können und daher aufgrund der geringeren Masse an Müllaufkommen durch die längere Nutzungsdauer weniger schädlich für die Umwelt sind. So kannst du sie auch weiterhin mit gutem Gewissen nutzen.

**Erledigt** ☐

**Ab heute wird verzichtet auf**: Müllbeutel aus Plastik.

**Alternative:** Hier steckt die Verschwendung schon im Namen. Diese Beutel werden einzig und allein deshalb produziert, damit sie nach einmaliger Benutzung im Müll landen. Alternativ gibt es biologisch nachhaltige Müllbeutel aus Maisstärke. Noch nachhaltiger agierst du, wenn du ganz auf den Einsatz von Müllbeuteln verzichten. Spüle einfach nach jedem Ausleeren den Mülleimer gründlich aus und du wirst keine Müllbeutel mehr brauchen.

# Tag 13: Wer weiß noch nichts davon?

Die zweite Woche deiner persönlichen Challenge neigt sich dem Ende. Wenn du deine täglichen Aufgaben erledigt hast und auch jeden Tag auf einen Plastikgegenstand mehr verzichtet hast, sollte sich langsam ein gutes Gefühl des persönlichen Erfolgs einstellen. Speichere dir dieses Gefühl in deinem Gedächtnis ab und erzähle auch Freunden und Bekannten davon. Vielleicht findest du so neue Unterstützer und Mitstreiter.

**Tagesaufgabe:** Besuche jemanden aus deinem Familien-Freundes- oder Bekanntenkreis, mit dem du bisher noch nicht über deine persönliche 30-Tage-Plastikhelden-Challenge gesprochen hast. Erzähle demjenigen von deinem Vorhaben und den bisherigen Erfolgen und Erfahrungen. Lade die Person ruhig ein mitzumachen. Wenn er oder sie etwas zögert, dann schlag ihm vor, vielleicht erst einmal mit einem plastikfreien Tag anzufangen.

**Erledigt** ☐

**Ab heute wird verzichtet auf**: herkömmliches Backpapier.

**Alternative:** Auch der beliebte Helfer für die Zubereitung von Kuchen, Brot oder Pizza enthält eine zarte Beschichtung aus Kunststoffen. Sie können sich unter Umständen durch die Hitze im Backofen aus dem Material lösen und somit auf das Essen übertragen werden. Besser eignet sich daher eine Backmatte, die nach dem Abspülen auch wiederverwendet werden kann.

# Tag 14: Zwei Wochen sind um

Zwei ganze Wochen dauert nun schon dein persönlicher Wandel zum Plastikhelden. Wie auch zum Ende der ersten Woche ist es ratsam, ein Fazit zu ziehen und es aufzuschreiben. Was konntest du im Vergleich zur ersten Woche erreichen? Konntest du die Probleme und Herausforderungen, die du noch im ersten Wochenrückblick notiert hast, inzwischen meistern? Tausche dich hierzu auch wieder mit deinen Mitstreitern und Verbündeten aus, um noch offene Probleme gemeinsam anzugehen und Ideen für plastikfreie Alternativen zu entwickeln.

**Tagesaufgabe:** Schreib wieder deinen persönlichen Wochenrückblick auf und vergleiche ihn ruhig mit den Ergebnissen der Vorwoche. Du wirst erstaunt sein. Was letzte Woche noch schwierig oder gar unmöglich schien, ist auf einmal leicht zu lösen.

**Erledigt** ☐

**Ab heute wird verzichtet auf**: Küchenpapier.

**Alternative:** Hier verhält es sich ähnlich wie bei den Taschentüchern. Zwar ist die Küchenrolle grundsätzlich biologisch abbaubar, kommt allerdings immer in einer Plastikverpackung daher. Darauf kann getrost verzichtet werden. Auch wiederverwendbare Lappen aus natürlicher Baumwolle leisten den gleichen Dienst und können immer wieder ausgespült werden.

# Tag 15: Halbzeit

Die erste Hälfte deiner Challenge hast du geschafft. Zeit, „Bergfest" zu feiern. Natürlich nicht mit Einweg-Plastikbechern und Plastikgeschirr. Gönne dir ruhig etwas Ruhe und eine kurze Auszeit. Du hast sie dir durch unermüdlichen Einsatz der letzten 14 Tage redlich verdient! So kannst du neue Kraft tanken, um auch die zweite Hälfte deiner persönlichen Mission zu meistern.

**Tagesaufgabe:** Zur Feier des Tages darfst du dir heute eine Auszeit von all den Aufgaben nehmen. Sei stolz auf das Erreichte und blicke optimistisch in die zweite Hälfte deines Experiments. Das heißt natürlich nicht, dass du auf die tägliche Aussortierung eines Plastikgegenstandes aus deiner persönlichen Nutzung verzichten kannst. Diese Aufgabe bleibt als einzige bestehen. Doch heute darfst du auch wieder einen der leicht ersetzbaren Gegenstände nehmen.

**Erledigt** ☐

**Ab heute wird verzichtet auf**: den Morgenkaffee aus Kaffeekapseln.

**Alternative:** Sicherlich ist es bequem, auf Knopfdruck eine frisch aufgebrühte Tasse Kaffee zu bekommen. Allerdings solltest du dich auch fragen, was mit all den Kaffeekapseln im Müll passiert. Sie sind meist aus Kunststoff oder Metall und können daher nicht biologisch abgebaut werden. Der gute alte Filterkaffee tut's aber auch weiterhin. Wenn du nicht auf den Geschmack von frischem Kaffee verzichten möchtest, ist die Anschaffung eines Kaffee-Vollautomaten überlegenswert. Diese Maschinen sind zwar etwas teurer, bieten dafür aber einen guten Geschmack und wenig Müll.

# Tag 16: Die dritte Woche beginnt

In der dritten Woche deines Experiments geht es darum, auch die letzten möglichen Plastikgegenstände nach Möglichkeit zu ersetzen. Funktionierende Gegenstände musst du natürlich nicht wegschmeißen, sondern kannst sie weiterhin nutzen, um unnötigen Müll zu vermeiden. Doch mindestens der Einkauf sollte inzwischen plastikfrei sein, um zu dem bestehenden nicht auch noch neues Plastik ins Haus zu schaffen. Du wirst dich inzwischen an das Leben ohne Plastik gewöhnt haben, sodass es dir immer leichter fällt, auf vorher normale Produkte zu verzichten und auch die eigenen Verhaltensweisen entsprechend anzupassen.

**Tagesaufgabe:** Schau dich zu Hause um, und schreib die Gegenstände auf, die noch aus Kunststoff in deinem Haushalt vorhanden sind. Suche zu jedem dieser Gegenstände eine Alternative, die ohne Plastik auskommt. Wenn einer dieser Gegenstände in der Zukunft kaputtgeht und es Zeit für eine Neuanschaffung ist, dann nimmst du dir diese Liste zur Hand und weißt genau, was du anschaffen wirst.

**Erledigt** ☐

**Ab heute wird verzichtet auf**: Plastik-Strohhalme.

**Alternative:** Kinder lieben Strohhalme, aber auch bei Erwachsenen ist das Utensil auf Partys gerne gesehen. Doch produzieren diese Trinkhilfen auch eine Menge Müll und werden nur einmal benutzt. Nachhaltiger agierst du mit biologisch abbaubaren Strohhalmen aus Bambus oder Papier. Auch gut, weil wiederverwendbar, sind Trinkhalme aus Edelstahl.

# Tag 17: Plastikfrei außerhalb der Wohnung

An diesem Tag dreht sich alles darum, auch im Garten oder dem Balkon dem Plastik den Kampf anzusagen. Wie du bereits erfahren konntest, werden auch bei vielen Gartengeräten und sogar in Düngern und Pflanzenschutzmitteln jede Menge Kunststoffe eingesetzt. Da sie oft ungehindert ins Grundwasser gelangen, gilt es, auch den Einsatz solcher Mittel zu vermeiden. Das schützt nicht nur unsere Umwelt, sondern sorgt auch dafür, dass das Grundwasser, welches wir im Endeffekt auch trinken und über zubereitete Nahrung zu uns nehmen, frei von Mikroplastik-Rückständen und damit auch genießbar bleibt und keine gesundheitsschädigenden Wirkungen hat.

**Tagesaufgabe:** Nimm dir die Liste vom Vortag und führe sie in deinem Garten oder auf deinem Balkon fort. Schau dir dazu auch genau die Inhaltsstoffe von Düngern oder Pflanzenschutzmitteln an. Bei Unsicherheiten über die enthaltenen Stoffe kannst du Google befragen. Du wirst erstaunt und wahrscheinlich auch verärgert sein, wenn du herausfindest, wo und vor allem auch welche Stoffe dort überall enthalten sind.

**Erledigt** ☐

**Ab heute wird verzichtet auf**: Kräuter aus der Plastikschale.

**Alternative:** Baue selbst Kräuter in deinem Garten oder auf dem Balkon an. Was du bei den einzelnen Sorten beachten musst, kannst du überall kostenfrei nachlesen. So wirst du schnell merken, was es für ein schönes Gefühl ist, selbst angebauten Kräutern beim Wachsen und Gedeihen zuzusehen und sie dann auch bei der Zubereitung von Speisen zu nutzen.

# Tag 18: Der Job ist genauso wichtig

Da du inzwischen einen Großteil Ihres Privatlebens plastikfrei bekommen hast, geht es jetzt daran, auch deinen Arbeitsplatz von unnötigem Plastik zu befreien. Arbeitest du in einem Büro, gibt es sicherlich verschiedenste Alternativen, die vorhandenen Plastikgegenstände zu ersetzen. Sprich auch mit deinem Chef über dein Vorhaben und bitte ihn um Unterstützung. In den meisten Fällen sind plastikfreie Arbeitsplätze nicht nur besser für die Gesundheit der Mitarbeiter, sondern sparen auf lange Sicht sogar Geld. Zudem kann sich das Unternehmen ein modernes grünes Image verpassen, was viele potenzielle Kunden interessant finden werden. So lässt sich nicht nur für die Umwelt etwas Gutes tun, sondern auch gleichzeitig der Erfolg des Unternehmens steigern.

**Tagesaufgabe:** Identifiziere an deinem Arbeitsplatz die Plastik-Einsparpotenziale und finde Alternativen. Sprich deinen Vorgesetzten auf das Plastik-Problem an und präsentiere ihm die von dir ausgearbeiteten Alternativvorschläge. Das zeigt deinem Chef außerdem, dass du eigeninitiativ und kreativ handeln kannst.

**Erledigt** ☐

**Ab heute wird verzichtet auf:** Lufterfrischer.

**Alternative:** Herkömmliche Lufterfrischer setzen beim Kampf gegen unangenehme Gerüche meist auf ein Plastikgehäuse, in dem eine chemische Flüssigkeit verdampft oder in regelmäßigen Abständen versprüht wird. Alternativ zu dieser Kunststoffanwendung reinigen auch Lufterfrischer mit Aktivkohle aus Bambus die Raumluft sehr effektiv.

# Tag 19: Im Team erreicht man mehr

Nach dem Chef gilt es nun, die Kollegen mit ins Boot zu holen. Im Team erreicht man mehr als allein. Das gilt nicht nur bei der täglichen Arbeit, sondern vor allem auch beim Umweltschutz. Wenn du deinen Chef schon überzeugen konntest, wird dir dieser Schritt umso leichter fallen. Ist Ihr Vorgesetzter noch nicht hundertprozentig von der Idee einer plastikfreien Arbeitswelt überzeugt, kannst du durch das Einspannen von Kollegen einen dynamischen Druck von unten erzeugen, der auch den Chef zur Einsicht bringen wird.

**Tagesaufgabe:** Sprich im Kollegenkreis das Plastikproblem an. In einer lockeren Mittagspause ist der ideale Zeitpunkt, dieses Thema in die Gesprächsrunde einzubringen. So kannst du auch erst mal ganz ungezwungen die Einstellung der Kollegen zu diesem Thema antesten. Du wirst schnell merken, wer auf deiner Seite steht und wer eher nur als Mitläufer dieses Thema angehen würde. Verbünde dich mit den Kollegen, die eine ähnliche Meinung vertreten wie du selbst und die auch etwas gegen die Flut an Plastikmüll tun wollen. Vielleicht findest du so auch neue Mitstreiter für deine persönliche 30-Tage-Plastikhelden-Challenge.

**Erledigt**

**Ab heute wird verzichtet auf**: Spülbürsten aus Plastik.

**Alternative:** Genau wie bei den Zahnbürsten gibt es auch zum Geschirrspülen alternative Bürsten aus Holz. Sie erfüllen genauso ihren Zweck und belasten nach ihrer Nutzungsdauer nicht die Umwelt.

# Tag 20: Die ganze Firma macht mit

Hast du die eigene Abteilung überzeugt, geht es daran, auch die restliche Firma in dein Vorhaben einzubinden. Am besten gelingt das, wenn du deinen Vorgesetzten auf deiner Seite haben. Er kann das Thema beim nächsten Manager-Meeting auf die Tagesordnung setzen. Schenkt der eigene Chef dir in dieser Angelegenheit nicht das erforderliche Gehör, wendest du dich an die Leiter anderer Abteilungen. Bei ihnen findest du vielleicht mehr Anklang.

**Tagesaufgabe:** Versuche nach Möglichkeit, die gesamte Firma für dein Vorhaben zu gewinnen. Je mehr mitmachen umso besser. Vielleicht lassen sich auch Kunden oder Geschäftspartner von der Idee einer plastikfreien Welt durch spezielle Aktionen überzeugen.

**Erledigt** ☐

**Ab heute wird verzichtet auf**: Backofenreiniger.

**Alternative:** Er besteht zu einem Großteil aus Kunststoffen und das verwendete Treibgas in den bekannten Sprühflaschen schadet zusätzlich dem Klima. Nachhaltiger ist es da, den Backofenreiniger selbst herzustellen. Wie das gelingt, erfährst du im Anhang des Buches.

# Tag 21: Die 21er-Regel

Psychologen und Neurowissenschaftler haben herausgefunden, dass Verhaltensweisen, die 21-mal innerhalb eines kurzen Zeitraums ausgeführt werden, im menschlichen Unterbewusstsein verankert werden. Inzwischen fühlst du dich wahrscheinlich sogar schon schlecht, wenn du nur eine Plastiktüte in der Hand hältst. Das gleiche Prinzip kannst du übrigens anwenden, wenn du dir vornimmst, mehr Sport zu treiben. Geh 21 Tage hintereinander jeden Tag joggen, dann wirst du es am 22. Tag vermissen, wenn du es nicht tust. So lassen sich alte Gewohnheiten aufbrechen und neue, in unserem Fall nachhaltigere Verhaltensweisen, implementieren.

**Tagesaufgabe:** Behalte auf jeden Fall deine guten Veränderungen der letzten Wochen bei. Erinnere dich außerdem daran, welchen Plastikgegenstand du als allererstes aus deinem Leben entfernt hast. Benutze ihn heute ruhig ein allerletztes Mal. Du wirst merken, dass der Verzicht auf Plastik so in deinem Unterbewusstsein verankert wurde, dass sich die Nutzung eines Gegenstandes aus Kunststoffen für dich komisch anfühlt.

**Erledigt** ☐

**Ab heute wird verzichtet auf:** Schneidebretter aus Kunststoff.

**Alternative:** Viele benutzen Schneidebretter, die aus Plastik gefertigt sind. Hierbei besteht die Gefahr, dass sich kleine Plastikteilchen aus dem Material lösen können und sich bei der Zubereitung von Mahlzeiten mit diesen vermengen. Eine bessere Alternative sind Schneidebretter aus Holz. Achte dabei auch auf eine natürliche Beschichtung und Versiegelung des Holzes.

# Tag 22: Der Feinschliff beginnt

Die letzte Woche deiner Challenge ist angebrochen. Jetzt gilt es, die erlernten und eingeführten Verhaltensweisen in Bezug auf den Plastikverzicht zu festigen, damit sie dein neues Normalverhalten werden. Nur so lässt sich ein „Rückfall" in die Plastikwelt nach Beendigung der Challenge vermeiden. Es verhält sich hierbei ähnlich wie bei der Vermeidung eines Jo-Jo-Effekts im Zuge einer Diät. Neue Verhaltensweisen und Gewohnheiten müssen nun in diesen Tagen gefestigt werden, damit sich ein dauerhafter und langfristiger Erfolg einstellt. Nutze also weiterhin konsequent plastikfreie Alternativen, geh in Unverpackt-Läden einkaufen und überlege, welche Dinge des täglichen Bedarfs du eventuell selbst herstellen kannst, damit auch in Zukunft Kunststoffe und Plastik so wenig wie möglich Platz in deinem Leben einnehmen können.

**Tagesaufgabe:** Überlege dir, auf wie viele Gegenstände du inzwischen verzichten konntest oder sie durch plastikfreie Alternativen ersetzt hast. Wenn du bereits so viel erreicht hast, fällt es dir auch nicht schwer, weiterhin auf diese Dinge zu verzichten oder die entsprechenden Alternativen zu nutzen.

**Erledigt** ☐

**Ab heute wird verzichtet auf:** Milchprodukte in Kunststoffverpackungen.

**Alternative:** Milch, Quark und auch viele Joghurts kann man heute schon in Glasflaschen oder Schraubgläsern aus Glas kaufen. Sie haben zusätzlich den Vorteil, dass sie auch für andere Lebensmittel wiederverwendet werden können.

# Tag 23: Heldenhafter Endspurt

Inzwischen ist es für dich wahrscheinlich schon Normalität geworden, den Einkauf ohne Plastik zu bestreiten und auch sonst im Haushalt auf den Einsatz von Kunststoffen zu verzichten. Sprich mit deinen Mitstreitern über dieses Thema und versuche, auch einmal auszurechnen, wie viel Plastik du und deine Unterstützer inzwischen schon eingespart haben.

**Tagesaufgabe:** Mach dir die eingesparte Menge Plastik bewusst und erzähle auch Außenstehenden davon. Sie werden sehr erstaunt sein, dir ein Lob aussprechen und sich unter Umständen auch inspiriert fühlen, den gleichen Weg zu gehen. Poste ein Bild mit dem Hashtag #Plastikheld auf Instagram.

**Erledigt** ☐

**Ab heute wird verzichtet auf**: Plastiktüten und -körbe im Einkaufsladen.

**Alternative:** Da du inzwischen hoffentlich sowieso in einem Unverpackt-Laden einkaufst, sollte es nicht extra erwähnt werden, dass Plastiktüten aufgrund ihrer kurzen Nutzungsdauer und der daraus resultierenden Schädlichkeit für die Umwelt tabu sind. Doch wie schaffst du deinen Einkauf nach Hause? In der großen Einkaufskiste oder dem Beutel aus Kunststoff. Auch sie können ersetzt werden. Der klassische geflochtene Einkaufskorb ist nur eine Variante, um den Einkauf gänzlich plastikfrei zu gestalten. Daneben gibt es auch Körbe aus Metall und Beutel aus Stoff.

# Tag 24: Heldenhafte Ernährung

Nachdem schon so viel Plastik eingespart wurde, geht es jetzt an die wirklich schwierigen Brocken. Erinnerst du dich noch an die Liste der Gegenstände, die nicht ersetzbar scheinen? Heute gilt es, den Gegenbeweis anzutreten.

**Tagesaufgabe:** Nimm dir deine Liste der Dinge, die für dich nicht ersetzbar erscheinen. Suche dir davon einen Gegenstand aus. Jetzt kommt der kreative Part: Überlege dir einen Lösungsansatz, der den vermeintlich unersetzbaren Plastikgegenstand überflüssig macht. Dazu musst du nicht unbedingt ein Ingenieur sein. Es genügt, deiner Fantasie freien Lauf zu lassen. Dabei ist keine Idee zu verrückt, dass sie nicht vielleicht irgendwann umgesetzt wird. Schließlich hielten viele Menschen das Fliegen vor nicht ganz so langer Zeit auch noch für eine zu verrückte Idee.

**Erledigt** ☐

**Ab heute wird verzichtet auf**: Fertiggerichte.

**Alternative:** Sie sind nicht nur wenig gesundheitsfördernd aufgrund aller möglicher Zusatzstoffe und dem hohen Anteil an Zucker und Fett. Sie produzieren aufgrund ihrer Verpackungen auch eine ganze Menge Müll. Der kann ganz einfach vermieden werden, wenn du immer frisch und gesund kochst. Das schmeckt nicht nur besser, sondern trägt auch zu einer gesunden und ausgewogenen Ernährung bei.

# Tag 25: Alltag eines Plastikhelden

In den letzten Wochen konntest du feststellen, dass ein Leben ohne Plastik durchaus möglich und auch gar nicht so schwer umsetzbar ist. Durch das Erzählen deiner persönlichen Geschichte bei Freunden und Verwandten können auch sie von einem Alltag ohne Plastik erfahren und wollen ihn sicherlich ausprobieren. Mach nicht nur dir selbst, sondern auch anderen bewusst, wie einfach und doch genugtuend das tägliche Leben ohne Plastik ist.

**Tagesaufgabe:** Berichte anderen von deinen Erfolgen und davon, wie ein Leben ohne Plastik aussehen kann. Mach ihnen dabei bewusst, dass Leben ohne Plastik keineswegs zwangsläufig mit großen Einschränkungen verbunden ist.

**Erledigt** ☐

**Ab heute wird verzichtet auf**: abgepackte Wurst und abgepackten Käse.

**Alternative:** Das wird man in einem Unverpackt-Laden wahrscheinlich eh nicht finden. Wenn es aber aufgrund einer zu großen Entfernung zu umständlich ist, alles im Unverpackt-Laden zu kaufen, solltest du wenigstens darauf achten, dass du Wurst und Käse an der Frischetheke kaufst. Am besten lässt du dir deinen Einkauf in mitgebrachte Mehrweg-Behältnisse füllen, so vermeidest du am meisten Müll.

# Tag 26: Ist Perfektion möglich?

Gut, zugegebenermaßen ist ein hundertprozentig plastikfreies Leben schon mit einigen Einschränkungen verbunden. Du könntest dann keine Wäsche mehr waschen und keine Lebensmittel mehr kühlen. Auf ein bisschen Plastik kann – oder will – man dann doch nicht verzichten. Doch wie bei allem gilt auch beim Plastik: Auf die Dosis kommt es an.

**Tagesaufgabe:** Such dir einen der Gegenstände, den du aufgrund der Lebensgewohnheiten weiterhin nutzen willst, auch wenn er Kunststoffteile enthält. Schreib einen Brief oder eine E-Mail an den Hersteller, mit der Frage, warum überhaupt Plastik bei diesen Gegenständen benutzt wird und ob es nicht Alternativen gibt. Vielleicht regt das den ein oder anderen Hersteller dazu an, seine Produkte zukünftig ohne die Verwendung von Kunststoffen zu produzieren.

**Erledigt** ☐

**Ab heute wird verzichtet auf:** Eisbecher und abgepacktes Eis.

**Alternative:** Besonders im Sommer ist ein schönes erfrischendes Eis eine echte Genugtuung. Allerdings wird insbesondere bei den für den Hausgebrauch abgepackten Eissorten eine große Menge Verpackungsmüll produziert. Such dir lieber eine gute Eisdiele in der Nähe und lass dir die schmackhafte Erfrischung in einer Waffel geben. Alternativ kannst du dein Eis auch selbst machen. Wie das geht, erfährst du am Ende des Buches.

# Tag 27: Noch 3 Tage

Bis hierhin hast du es schon weit gebracht. Jetzt heißt es, durchhalten auf den letzten Metern dieses Marathons. Mach dir dazu noch einmal bewusst, was dein persönlicher Grund für den Beginn deiner Challenge war. Was wolltest du erreichen? Ein Blick auf deine unterschriebene Selbstverpflichtung schafft auch hier die beste Grundlage, für die restlichen Tage noch einmal alle Kräfte zu mobilisieren. Konntest du bereits sämtliches Plastik aus deinem Leben verbannen? Oder gibt es noch den ein oder anderen Gegenstand oder das ein oder andere Produkt, welches du noch nicht ersetzen konntest? Mit dem Ziel vor Augen lassen sich auch noch einmal die letzten Kreativitäts-Reserven herauslocken, um neue Ideen zur endgültigen Vermeidung von Plastik in deinem eigenen Leben zu entwickeln. Weitere Inspirationen dazu findest du auch weiterhin im Internet, das eine Vielzahl von Tipps und Tricks zur Vermeidung unnötigen Abfalls bereithält.

**Tagesaufgabe:** Nimm dir nochmals dein persönliches Motivationsschreiben vom Anfang der Challenge zur Hand. Lies dir genau durch, warum du die Challenge begonnen hast. Überprüfe dabei auch, ob du dieses Ziel mit den Veränderungen der letzten Tage und Wochen erreicht hast oder erreichen wirst.

**Erledigt** ☐

**Ab heute wird verzichtet auf**: Mode aus Plastik.

**Alternative:** Viele Kleidungsstücke bestehen heutzutage ganz oder teilweise aus Kunstfasern, beispielsweise Nylon. Achte daher bei deinem Einkaufsbummel immer darauf, welche Materialien auf dem Schild im Inneren des Kleidungsstückes genannt werden.

# Tag 28: Du schaffst das!

Vielleicht denkst du: Juhu, nur noch zwei Tage durchhalten. Doch das ist eigentlich nicht die richtige Einstellung. Denn schließlich ist es das Ziel deiner persönlichen Challenge, innerhalb von 30 Tagen plastikfrei zu werden und das dann auch im weiteren Leben langfristig zu bleiben. Suche daher nicht nur Notlösungen für den Plastikverzicht, sondern überlege dir lieber dauerhafte Alternativen, die es nicht mehr nötig machen, auf Produkte mit Kunststoffanteil zurückgreifen zu müssen. So schaffst du nachhaltig einen Mehrwert für unser Ökosystem und schützt damit auch deine eigene Lebensgrundlage.

**Tagesaufgabe:** Erinnere dich daran, dass das plastikfreie Leben nur in einer dauerhaften Ausführung etwas zur Rettung unseres Planeten beitragen kann. Es ist sehr löblich, dass du zur 30-Tage-Plastikhelden-Challenge angetreten bist. Doch viel wichtiger ist es, die geänderten Verhaltensweisen auch nach Beendigung der Challenge im Alltag beizubehalten.

**Erledigt** ☐

**Ab heute wird verzichtet auf**: Wasser aus Flaschen.

**Alternative:** Gerade in Deutschland ist das Leitungswasser allerorts trinkbar. Daher muss man es nicht in Plastikflaschen kaufen, sondern kann es zu Hause direkt dem Hahn entnehmen. Mit einem eingebauten oder befüllbaren Wasserfilter kann man sich auch sicher sein, eventuelle Ablagerungen aus den Rohren vor dem Trinken herauszufiltern. Wenn du ein Getränk für unterwegs brauchst, dann befülle einfach deine Edelstahl-Trinkflasche mit dem gefilterten Wasser.

# Tag 29: Endspurt

In den letzten Tagen und Wochen hast du bereits viel erreicht. Aus diesem Grund kannst du bereits jetzt schon stolz auf dich sein. Da du dich bereits an den Verzicht auf Plastik gewöhnt hast, sollte es inzwischen Alltag sein, keine Kunststoffprodukte mehr zu verwenden. Mit dieser guten Einstellung fällt es dir nun auch nicht mehr schwer, den bevorstehenden letzten Tag deiner persönlichen Herausforderung der „Plastikfrei-in-30-Tagen-Challenge" zu bestreiten. Wahrscheinlich bist du durch die Erfahrungen der letzten vier Wochen innerlich ein ganzes Stück gereift und hast ein gesundes Selbstvertrauen entwickelt, wenn es darum geht, für deine Sache zu kämpfen. Während es dir am Anfang wahrscheinlich schwergefallen sein mag, im herkömmlichen Einkaufsladen an der Frischetheke zu fragen, ob Wurst und Käse auch in die mitgebrachte Mehrweg-Büchse gelegt werden können, zieht es dich heute wie selbstverständlich in den nächsten Unverpackt-Laden, wo dieses Vorgehen sowieso Standard ist und du immer wieder auf Gleichgesinnte triffst. So fällt es dir nun auch nicht mehr schwer, auch andere Personen auf Ihr Fehlverhalten in Bezug auf den Plastikkonsum hinzuweisen. Du siehst jemanden, der unachtsam eine Plastiktüte in der Natur entsorgt? Sprich diese Person ruhig auf ihr Verhalten und die daraus folgenden Konsequenzen an. Viele wissen gar nicht, was Plastik und Kunststoffe in unserer Umwelt anrichten können. Doch Umweltschutz geht uns alle an, daher ist es wichtig, dass auch alle über die Auswirkungen des Plastikbooms informiert sind. Andernfalls werden wir unseren Planeten eines Tages nicht mehr wiedererkennen. Das gilt es zu verhindern, um auch unseren Kindern und Enkelkindern eine lebenswerte Erde zu hinterlassen. Wir sind es ihnen einfach schuldig.

**Tagesaufgabe:** Nimm eine Person aus deinem Freundes-, Familien- oder Bekanntenkreis, die noch nicht bei der Plastikhelden Challenge mitmacht, mit in einen Unverpackt-Laden zum Einkaufen. Viele würden gerne einen Unverpackt-Laden nutzen, allerdings wissen die wenigsten, wo sich die nächste plastikfreie Einkaufsmöglichkeit befindet. Des Weiteren haben einige auch Bedenken aufgrund der Hygiene von unverpackten Sachen. Indem du diese Menschen einfach mal zum Wocheneinkauf im Unverpackt-Laden mitnimmst, können diese Vorurteile abgebaut werden.

**Erledigt** ☐

**Ab heute wird verzichtet auf**: Wein mit Plastikkorken.

**Alternative:** Du trinkst gerne ab und zu ein Gläschen Wein? Sicherlich ist dir dabei schon einmal aufgefallen, dass viele Weinflaschen heutzutage mit Plastik-Stopfen verschlossen werden. Leider sieht man das in der Regel erst nach dem Öffnen. Auf der Seite **https://recork.com/corkwatch** kannst du schon im Vorfeld erfahren, ob bei diesem Wein ein natürlicher oder ein Kunststoff-Korken verwendet wurde. Dem echten Weinliebhaber kommt eine Flasche mit Plastik-Stopfen natürlich nicht ins Haus.

# Tag 30: Es ist geschafft!

Herzlichen Glückwunsch! Du hast deine persönliche 30-Tage-Plastikhelden-Challenge erfolgreich absolviert. **Du bist nun ein echter Plastikheld!** Trotz der wahrscheinlich zwischendurch aufgekommenen Sinnfrage aufgrund der schieren Menge an Plastikprodukten, hast du jede neue Herausforderung gemeistert und kannst nun mit Stolz von dir sagen, dass du einen wichtigen Beitrag zur Erhaltung unseres Planeten geleistet hast. Erzähle deine eigene Erfolgsstory ruhig deinen Freunden und Bekannten. Berichte davon, wie oft wir unbewusst Plastik verbrauchen und wie einfach es eigentlich für jedermann ist, darauf zu verzichten. Sicherlich wird sich der ein oder andere dafür interessieren und sich gerne Tipps anhören, um sie selbst umzusetzen. Dabei musst du nicht bekehrend auf deinen Bekanntenkreis einwirken, sondern nur von den eigenen Erfahrungen berichten. Sicherlich wird nicht jeder deiner Freunde sofort eine eigene 30-Tage-Plastikhelden-Challenge beginnen. Doch auch wenn nur ein Bruchteil deines persönlichen Umfelds wenigstens auf einen Kunststoffartikel in seinem Leben verzichtet, ist unserer Umwelt und unserem Ökosystem schon mehr geholfen als es momentan der Fall ist. Trage diese Erfahrung immer mit dir und versuche vor allem, nach Beendigung der Challenge nicht in wieder in alte Muster zu verfallen. Die Zielstellung dieses Selbstversuches ist es, nicht nur für diesen begrenzten Zeitraum auf Plastik zu verzichten. Das würde der Natur und unserem Ökosystem überhaupt nicht weiterhelfen und der Effekt der eventuellen Strapazen der letzten vier Wochen würde einfach verpuffen. Es geht vielmehr darum, dauerhaft ein Leben ohne Plastik zu bestreiten. Früher oder später wird sich die Menschheit sowieso darauf einstellen müssen, dass Plastik langfristig keine Lösung ist. Selbst wenn das Müllproblem in den Griff bekommen werden kann, ist der Grundrohstoff aller Kunststoffe das Erdöl. Dieses ist eine nur begrenzt verfügbare Ressource auf dem Planeten Erde. Irgendwann werden die Erdölvorkommen des Planeten erschöpft sein. Spätestens dann ist auch die Produktion von Plastik nicht mehr möglich. Und spätestens dann muss sich jedermann nach Alternativen für die bequemen und billigen Plastikprodukte umsehen. Du und deine Familie sind dann schon auf diesen Tag vorbereitet, wenn ihr auch schon vorher auf die Nutzung von Plastikprodukten verzichtet habt.

**Tagesaufgabe:** Heute gilt es, die Strapazen und Erfolge der letzten Tage und Wochen zu feiern. Lade dazu ruhig all deine Freunde zu einer „Plastikfrei-Party" ein. Dadurch bekommst du zusätzliche Aufmerksamkeit für deinen Kampf gegen Plastik. Sicherlich werden sich auf der Party interessante und interessierte Gesprächspartner finden, denen du von deinen Erfahrungen berichten kannst und die vielleicht auch bald eine eigene 30-Tage-Plastikhelden-Challenge beginnen werden.

**Erledigt** ☐

**Ab heute wird verzichtet auf**: Kaugummi.

**Alternative:** Am besten ganz darauf verzichten. Zwar gibt es auch Bio-Kaugummi, die nachhaltige Materialien nutzen, doch die meisten Kaugummis werden aus Kunststoff hergestellt. Würden alle Kaugummi-Kauer auf Bio-Kaugummis umsteigen, dann würden die Ressourcen der dafür verwendeten Materialien nicht ausreichen. Daher ist es am besten, gänzlich darauf zu verzichten.

# Kapitel 5

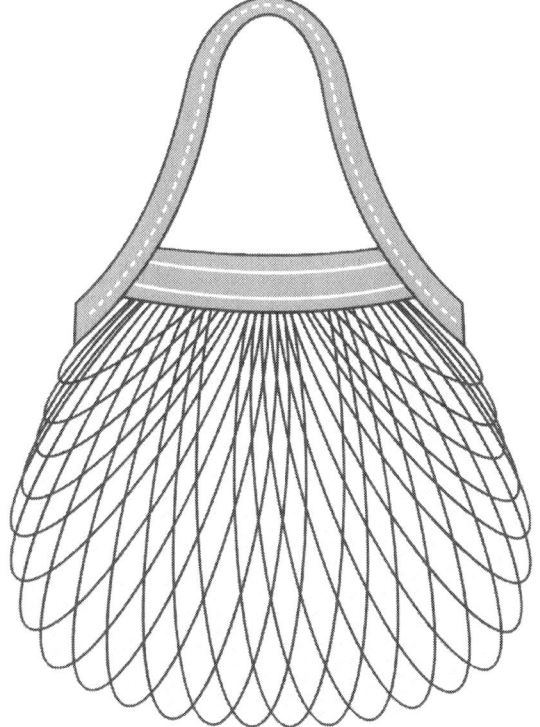

## Plastikfrei einkaufen

Verpackungsfreie Supermärkte werden immer beliebter. Das liegt in erster Linie daran, dass immer mehr Menschen bewusst wird, dass wir es sind, die anhand unseres eigenen Konsumverhaltens das Angebot an Waren und Produkten und damit auch die Verwendung von Verpackungen und die daraus resultierende Produktion von Müll verändern können. Kunststoffe bieten zwar viele Vorteile, sie sind leicht, sehr vielseitig und günstig in der Herstellung. Gleichzeitig ist Plastik in der heutigen Zeit aber auch eines der größten Probleme für unsere Umwelt. Um genau dem entgegenzuwirken, haben sich einige findige Umweltaktivisten die Idee des verpackungsfreien Einkaufsladens ausgedacht. Diese Idee findet immer mehr Anhänger und begeisterte Kunden, wodurch in immer mehr Städten die Anzahl an Verpackungsfrei-Läden steigt.

Auch im Internet nimmt das Angebot an Onlineshops, die auf Verpackungen verzichten oder nur biologisch nachhaltige Verpackungen verwenden, weiter zu. Die Idee eines Verpackungsfrei-Ladens ist es, alle Waren offen und lose oder, wenn nötig, in wiederverwendbaren Mehrweg-Behältnissen anzubieten. So ist man als Kunde auch nicht an die vom Hersteller vorgegebenen Verpackungsgrößen gebunden, sondern kann sich immer genau die benötigte Menge abfüllen. Dabei ist es egal, ob es sich dabei um Trockenwaren, wie z. B. Reis, Nudeln oder Kaffee handelt oder aber frisches Obst und Gemüse eingekauft werden muss. Selbst Süßwaren sowie Fleisch, Wurst und Käse können unverpackt in selbst mitgebrachte Mehrweg-Behältnisse abgefüllt werden. Auch Non-Food-Artikel, wie Waschpulver oder Reinigungsmittel, können sich die Kunden in gewünschter Menge abfüllen. Dazu sind in den verpackungsfreien Einkaufsläden und Supermärkten meist große Spender an den Wänden montiert. Diese nennen sich auch „Bulk Bins". Sie haben unten eine verschließbare Öffnung, aus der man sich die Ware in der gewünschten Menge in Mehrweg-Behältnisse abfüllen kann. Kräuter und Gewürze werden dabei meist aus großen Glasgefäßen herausgelöffelt und Essig sowie Öle verschiedenster Geschmacksrichtungen aus großen Kanistern oder Fässern abgefüllt. Für Eier nimmt man einfach die vorher bereits genutzten Eierkartons mit und packt den neuen Einkauf in die alten Pappkartons. Für die Frischetheke für Wurst und Käse können eigene Vorratsdosen, im Optimalfall aus Metall, genutzt oder die Frischwaren in umweltschonende Wachstücher gepackt werden. Selbst Duschgel oder Shampoo kann aus großen Kanistern in selbst mitgebrachte Flaschen abgefüllt werden. Das Gewicht der mitgebrachten Behältnisse wird einfach beim Wiegen der Ware abgezogen. Solltest du noch nicht ausreichend Mehrweg-Behältnisse besitzen, können sie auch in den Läden direkt erworben oder gegen eine Pfandgebühr ausgeliehen werden. Durch dieses zukunftsweisende Konzept der Unverpackt-Läden wird eine große Menge Verpackungsmüll eingespart. Während es in normalen Supermärkten oft nur abgepackte Ware zu kaufen gibt, kann man sich bei den verpackungsfreien Läden außerdem sicher sein, dass insbesondere die Frischwaren wirklich frisch sind und nicht schon mehrere Tage im Regal liegen.

Durch den Verzicht auf Plastikverpackungen wird nicht nur wertvolles Erdöl als begrenzte Ressource unseres Planeten eingespart, sondern auch der enorme Energieaufwand, unter dem die Verpackungen produziert werden, reduziert. Das spart weiterhin Ressourcen und schon unser Ökosystem. Durch das Konzept des Selbstabfüllens der gewünschten Menge wird außerdem auch der Anteil an Essensmüll reduziert, da besonders bei der immer weiter steigenden Anzahl an Singlehaushalten in Deutschland die fabrikfertigen Packungsgrößen oft zu groß dimensioniert sind und dadurch eine Menge Essen schon vor dem Verzehr weggeschmissen werden muss. Das führt zu einer enormen Lebensmittelverschwendung, die so nicht sein muss. In den meisten der verpackungsfreien Läden wird zudem besonderer Wert auf regionale Erzeugung der Waren und kurze Transportwege gelegt. Das schont Umwelt und Klima zusätzlich. Die Supermärkte und Einkaufsläden, die auf Verpackungen verzichten, breiten sich in immer mehr Städten aus. Besonders in Großstädten, wie Berlin, München, Hamburg, aber auch Dresden und Leipzig sowie in unserem Nachbarland in Wien und

Innsbruck, gibt es schon heute ein immer weiterwachsendes Angebot an Einkaufsmöglichkeiten, bei denen auf Plastik und andere Verpackungen verzichtet wird. Auf der Internetseite **https://utopia.de/ratgeber/verpackungsfreier-supermarkt/** kannst du mithilfe einer interaktiven Karte sehen, wo sich heute schon verpackungsfreie Einkaufsläden befinden. Diese findest du auch im Anhang dieses Buches noch einmal für dich zusammengefasst. Solltest du keine Möglichkeit haben, einen der verpackungsfreien Läden in deiner Nähe aufzusuchen , gibt es auch bereits heute mehrere Onlineshops, die verpackungsfreies Einkaufen ermöglichen.

# Online-Shops

**„Greenhall"**
Das im Jahr 2016 in Thüringen gegründete Unternehmen bietet auf seiner Website **www.greenhall.de** ausschließlich plastikfreie Produkte an. Dabei erstreckt sich das Sortiment über eine große Bandbreite, angefangen bei Produkten für den täglichen Bedarf, Kinderspielzeug und Babyartikeln bis hin zu Einrichtungsaccessoires und Küchenutensilien. Auch für den Garten gibt es allerlei Produkte, bei denen auf den Einsatz von Plastik verzichtet wird. Zum Versand der bestellten Waren werden ausschließlich recycelte und recyclingfähige Materialien verwendet. Auf Paketklebeband aus Plastik wird genauso verzichtet, wie auf bekanntes Füllmaterial aus Kunststoffen, wie beispielsweise Styropor. Die Waren werden außerdem mit dem klimaneutralen Angebot „GoGreen" von DHL versendet, um den ökologischen Fußabdruck beim Onlineshopping so umweltfreundlich wie möglich zu halten. Als Zahlungsmöglichkeiten bietet der Onlineshop die klassische Vorkasse, aber auch PayPal an. Ab einem Bestellwert von 75 Euro sparst du sogar die Versandkosten.

## „Laguna"

Der **Onlineshop von Laguna** ist vor allem in den Bereichen Küche und Haushalt gut aufgestellt. Es gibt Kaffeebecher, Lunchboxen, wiederverwendbare Trinkflaschen und sogar Besteck aus Bambus sowie viele andere garantiert plastikfreie Haushaltsgegenstände. Es gibt auch eine Lifestyle-Kategorie mit Wohn- und Deko-Produkten. Fast alle plastiklosen Produkte, die bei Laguna angeboten werden, sind außerdem wiederverwendbar. Auch hier erfolgt der Versand klimaneutral und mit recycelbaren Materialien. Außerdem beteuert Laguna, dass die benötigte Energie für den Betrieb des Onlineshops ausschließlich aus erneuerbaren Energiequellen gewonnen wird. Neben Vorkasse und PayPal werden auch der Rechnungskauf und die Lastschriftvariante als Zahlungsmöglichkeiten akzeptiert. Ab einem Warenkorb von 25 Euro werden dem Kunden die Versandkosten erlassen. Zu erreichen ist der Anbieter unter der Adresse: **www.laguna-onlineshop.de.**

## „Monomeer"

**www.Monomeer.de** ist vor allem in den Bereichen **Körperpflege und Büro** ein vorbildlicher Onlineshop, um plastikfrei einzukaufen. So findest du hier beispielsweise Kosmetikpads aus Baumwolle, die sich wiederverwenden lassen, oder in Papier gehüllte Körperbutter. Aber auch Toilettenpapier kann dort plastikfrei bestellt werden. Auch der **Haushaltsbereich** ist inzwischen relativ umfangreich: Alle Klassiker, wie unter anderem Bienenwachstücher, Glasflaschen oder Brotboxen, sind dort zu finden. Zudem führt der Shop keine Produkte mit Palmöl oder Waren, die in China produziert wurden. Insgesamt überzeugt Monomeer durch einen minimalistisch gestalteten Shop bei ausführlichen Produktinformationen. Diese geben sogar Auskunft darüber, in welcher Verpackung die Ware vom Hersteller an den Shop geliefert wurde. Die Versandkosten übernimmt der Anbieter ab einem Einkaufswert von 75 Euro. Bezahlt werden kann per Vorkasse, PayPal oder auf Rechnung. Als kleiner Bonusbeitrag zum Umweltschutz wird die Ware innerhalb von Konstanz sogar mit dem Fahrrad ausgeliefert.

## „Naturlieferant"

Auf **www.Naturlieferant.de** findest du nicht nur plastikfreie Produkte. Der Onlineshop hat sich insbesondere auf den Verkauf unverpackter Lebensmittel spezialisiert. Dabei wird stets und ausnahmslos auf Bio-Qualität geachtet. Neben Nudeln, Nüssen und Getreide können unter anderem auch Backzutaten bestellt werden. Für den Versand werden sie in Papierbeutel verpackt und mit „DHL GoGreen" klimaneutral verschickt. Ab 200 Euro Einkaufswert übernimmt der Händler die Versandkosten, die sich sonst nach dem Gewicht berechnen. Daneben beinhaltet das Sortiment auch allerlei nützliche Gegenstände für Bad und Küche. Bezahlt wird per Vorkasse oder PayPal.

## „Plasticarian"

Auch dieser österreichische Onlinehändler zeichnet sich als gute Alternative für den plastikfreien Einkauf aus. Besonders für Dinge des täglichen Bedarfs bietet der Shop aus der Alpenrepublik sehr gute Alternativen, die auf den Einsatz von Kunststoffen verzichten. Für den Versand wird ausschließlich bereits genutztes Verpackungsmaterial wiederverwendet und auch die Lieferungen werden $CO_2$-neutral abgewickelt. Zu erreichen ist der Onlineshop unter **www.einfach-ohne-plastik.at**. Neben Vorkasse und PayPal kann auch per Sofortüberweisung und Stripe bezahlt werden.

## „Tante Olga"

Unter **www.zerowasteladen.de** findet sich das Online-Pendant zu dem aus Köln stammenden Unverpackt-Laden „Tante Olga". Der Laden mit dem ungewöhnlichen und doch sympathischen Namen bietet ein reichhaltiges plastikfreies Sortiment für verschiedenste Lebensbereiche wie Haushalt, Körperpflege und Bürobedarf an. Zusätzlich werden für die Sendungen nur biologisch abbaubare Paketschnüre aus Jute und Papierklebeband verwendet, um die bereits gebrauchten Kartons zu verschließen. Auch wird auf Versandetiketten aus phenolfreiem Material Wert gelegt. Der Transport erfolgt mit dem klimaneutralen DHL-Service „GoGreen".

**„Ultra Green"**

Auch unter **www.ultra-green.de** findest du ein gutes Angebot an plastikfreien Produkten, das dabei unterstützt, weniger Müllaufkommen im Haushalt zu produzieren. Neben nachhaltigen Haushaltsprodukten finden sich insbesondere auch Hygiene- und Körperpflegeartikel, die bewusst ohne Mikroplastik hergestellt worden sind. Der Versand erfolgt ebenfalls klimaneutral und ohne den Einsatz von Kunststoffen.

**„Beechange"**

Der in der österreichischen Hauptstadt Wien beheimatete Onlineshop **www.beechange.com** bietet zumindest zu einem großen Teil ein plastikfreies Sortiment an. Zudem hat sich der Händler einen eigenen Kriterienkatalog auferlegt, nach dem die Produkte ausgewählt werden, die in den Vertrieb aufgenommen werden. Wichtige Punkte dabei sind, dass die Produkte unter fairen Bedingungen produziert worden sind, keine Tierversuche für die Entwicklung genutzt wurden und dass die Waren vegan sind. Neben gewöhnlichen Haushaltswaren finden sich auch Kosmetika, Geschenkartikel und andere Produkte, die per Vorkasse, Kreditkarte oder Sofortüberweisung bezahlt werden können. Der anschließende Versand erfolgt ebenfalls klimaneutral und kostet 4,90 Euro nach Deutschland.

Neben diesen plastikfreien Onlineshops gibt es auch welche, die zwar noch Kunststoffprodukte in ihrem Sortiment führen, allerdings bereits eigene Unterkategorien eingerichtet haben, in denen man gezielt kunststofffreie Artikel finden kann. Dazu gehören unter anderem:

**www.avocadostore.de**
**www.gruene-bude.de**
**www.mehr-gruen.de**

Andere Anbieter haben sich dagegen darauf spezialisiert, insbesondere Produkte nicht anzubieten, die Stoffe enthalten, die als gesundheitlich bedenklich eingestuft werden. Vor allem BPA und Phthalate sowie andere Weichmacher in Kunststoffen gehören zu dieser Kategorie. Daher bieten die folgenden Shops nur ein sehr reduziertes Sortiment an kunststoffhaltigen Produkten an:

### „Kivanta"

Auch auf **https://www.kivanta.de** kannst du Artikel kaufen, die frei von BPA und anderen Weichmachern in Kunststoffen sind. Dazu gehören unter anderem Küchenutensilien und Behältnisse zur Aufbewahrung von Lebensmitteln. Für den Versand wird ebenfalls auf den Einsatz von Plastik verzichtet. Lediglich Waren, die bereits von den Herstellern in Plastikverpackungen geliefert wurden, werden so auch weiter verschickt, da sich ein Umverpacken weder ökologisch noch ökonomisch sinnvoll rentieren würde.

### „Pureandgreen"

In diesem Onlineshop werden nur Produkte geführt, die keine bedenklichen Stoffe wie BPA oder Phthalate enthalten. Außerdem wird auf Produkte mit Aluminium verzichtet, da auch dieses als ökologisch und gesundheitlich bedenklich gilt. Zu finden ist der Onlineshop auf https://www.pureandgreen.at.

# Verpackungsfreie
# Einkaufsmöglichkeiten

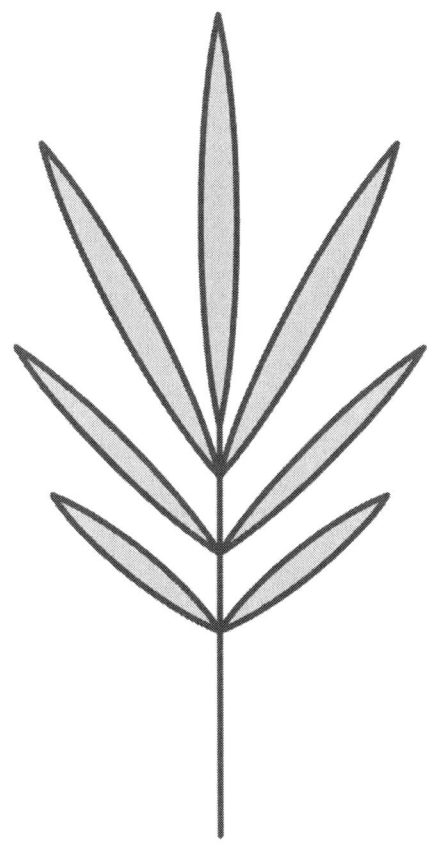

| Stadt | Laden | Straße |
|---|---|---|
| Chur, Schweiz | Oba aba | Paradiesgasse 8 |
| Darmstadt | Unverpackt | Gutenbergstr. 5B |
| Dortmund | Pur | Saarlandstr. 118 |
| Dresden | Binnes unverpackt | Dornblüthstr. 7 |
|  | Lose | Böhmische Str. 14 |
| Düsseldorf | Unverpackt | Rethelstr. 111 |
|  | Pure Note | Brunnenstr. 30 |
|  | Flinse & Co. | Lindenstr. 165 |
| Eckernförde | Freihandel | Rathausmarkt 2 |
| Essen | glücklich unverpackt | Rosastr. 38 |
|  | von Grünstadt | Rellinghauserstr. 110 |
| Frankfurt | gramm.genau | Adalbertstr. 11 |
| Freiburg | Glaskiste-unverpackt | Moltkestr. 15 |
| Freising | Fräulein Lose | Johanniststr. 1 |
| Geldern | Lieber Unverpackt | Heilig-Geist-Str. 5 |
| Gießen | Unverpacktes Gießen | Johannette-Lein-Gasse 24 |
| Görlitz | Emma´s Tante | Jakobstr. 40 |
| Göttingen | Wunderbar Unverpackt | Groner-Tor-Str. 22 |
| Graz, Österreich | Das Gramm | Neutorgasse 7 |
| Hamburg | Monger Store & Deli | Wrangelstr. 100 |
|  | Ohne Gedöns | Kattjahren 1C |
|  | Stückgut Ottensen | Am Felde 91 |

| Stadt | Laden | Straße |
| --- | --- | --- |
| Hamburg | Stückgut St. Pauli | Neuer Kamp 31 |
| Hannover | LoLa – der Loseladen | Stephansplatz 13 |
| Heidelberg | Annas Unverpacktes | Ladenburger Str. 37 |
| Husum | Unverpackt Husum | Norderstr. 25 |
| Ingolstadt | NurInPur | Am Pulverl 13 |
| Jena | Jeninchen | Sophienstr. 37-39 |
| Karlsruhe | Unverpackt | Bahnhofplatz 8 |
| Kiel | Unverpackt | Adelheidstr. 28 |
| Köln | Migori | Bonner Str. 66 |
| | Tante Olga | Berrenrather Str. 406 |
| | Veedelskrämer | Venloer Str. 270 |
| Konstanz | Unverpackt | Mosbruggerstr. 16 |
| Landau | Unverpackt | Kronstr. 34 |
| Leipzig | Einfach Unverpackt | Kochstr. 6 |
| Lübeck | Unverpackt | Fleischhauerstr. 38 |
| Luxemburg | OUNI | 55 Rue Glesener |
| Magdeburg | Frau Ernas loser Lebensmittelpunkt | Arndtstr. 38 |
| | HiesigLecker | Olvenstedter Str. 14 |
| Mainz | Unverpackt Mainz | Heidelbergerfaßgasse 16A |
| Mannheim | Eddie´s | Seckenheimer Str. 21 |
| Mönchengladbach | Tante LeMi | Gasthausstr. 68-70 |
| München | Ohne | Schellingstr. 42 |

| Stadt | Laden | Straße |
|---|---|---|
| München | Ohne | Rosenheimer Str. 85 |
| Münster | Einzelhandel   zum Wohlfühllen | Hammer Str. 52 |
| | Natürlich Unverpackt | Warendorferstr. 63 |
| Nürnberg | ZeroHero | Obere Kanalstr. 11a |
| Osnabrück | Tara | Wittekindplatz 4 |
| Paderborn | KernIdee | Dörener Weg 72 |
| Passau | Tante Emmer | Grabengasse 23 |
| Potsdam | Kathi&Käthe   − FairPackt | Garnstr.20 |
| | MaßVoll | Zeppelinstr. 1 |
| Ravensburg | Wohlgefühl | Untere Breite Str. 23 |
| Regensburg | Füllgut | Obere Bachgasse 18 |
| Reutlingen | Fridi unverpackt | Weibermarkt 3 |
| Rosenheim | nimm´s lose | Gillitzerstr. 4 |
| Rostock | Bio-Kogge | Friedhofsweg 35 |
| Saarbrücken | Unverpackt | Bruchwiesenstr. 6 |
| Schwäbisch Gmünd | unverpackt GD | Kalter Markt 12 |
| Stuttgart | Schüttgut | Vogelsangstr. 51 |
| Trier | Unverpackt | Simeonstr. 3 |
| Wien, Österreich | Lunzers Maß-Gießerei | Heinestr. 35 |
| Wiesbaden | Bio-Unverpackt | Dotzheimer Str. 19 |
| Würzburg | Unverpackt | Sanderstr. 5 |
| Zürich, Schweiz | FOIFI | Schiffbauerstr. 9B |

# Heldenhaftes Plastiktagebuch

| Plastiktagebuch | |
|---|---|
| Gegenstand | |
| Wann benutzt | |
| Schädlichkeit | |
| Ersetzbarkeit | |
| Alternative | |

# Heldenhafte Plastikmatrix

| | | Plastik Matrix | |
|---|---|---|---|
| Ersetzbarkeit | schwer | | |
| | leicht | | |
| | | gering | stark |
| | | Schädlichkeit | |

Printed in Germany
by Amazon Distribution
GmbH, Leipzig